原野

收藏拾贝

◎王炳奎　著

文匯出版社

热情，让他的收藏更精彩

德国哲学家黑格尔曾说过："世界上的事业，凡缺乏莫大的热情的，从不曾成功过。"我的挚友原野先生，就是一位充满热情的人。他是位收藏家，今天他的第五部专著《原野收藏拾贝》出版了，真是热情让他的收藏更精彩了。

大凡一个人的爱好、举止和言行，都会受客观环境的影响而形成。对于原野这个烟酒不沾，麻将、股票都不碰，个性恬静的人来讲，全部兴趣就是写作和收藏。他的收藏爱好源自孩提时代。那时他喜欢写写画画，喜欢色彩与大自然，从学校的黑板报，到后来部队的文化墙报，再到单位的学习园地，曾留下他的梦想与记忆，但更多的是追求美好的热情，从而也成就了收藏与写作的爱好。他的居室，从下到上，从里到外，堆满了根雕、石头等各类藏品；电脑桌上，摆满了书稿、报纸、杂志和书籍。这里成了他热情燃烧的地方。

中国是有着五千多年悠久历史的古老文明国家。

收藏穿越时空，上承远古，下启当下，竹苞松茂和博大精深，每一类每一件藏品都蕴含着诸多方面的学识与掌故，承载了历代先人的精心追求与创造。作为一名普通收藏者，原野认为收藏也是一种爱国行为。他将自己的收藏过程作为学习的过程，作为实践和提高认识的过程。他的收藏注重文化性，认为收藏不光是"收"，更是一种文化的传播，几乎一件好的收藏品，他就能写成一篇耐人寻味、内涵丰富的好文章。

"斗转星移，世事更迭"，2011 年以来，他退休已过十年，但收藏与写作的热情更高涨，利用空余时间，笔耕不辍，不断撰文刊之于杂志、报端，素笺一叠，林林总总三千多篇，其中已在《新民晚报》《劳动报》和《上海工艺美术》等报纸和杂志上登载了四百多篇文章，并被更多的新闻媒体转载发表，产生较大的社会反响。他先后出版了《原野收藏拾趣》《原野收藏拾经》《原野收藏拾粹》和《原野收藏拾珍》四本书。硕果斐然，令人瞩目。

今年三月，春寒料峭。封控的日子里，足不出户的原野兄，除了电视、书籍的相伴，又趁机"翻箱底"找出不少"宝贝"，睹物思情，于是又满怀热情地提笔写起文章来。在万众一心共克时艰时，面对纷繁复杂的世界，他认为作为一名老藏家，更有责任把传承文化遗产的旗帜高高举起。在热情的召唤下，经过努力，他又完成了第五部新书——《原野收藏拾贝》的编写创作。

岁月如常，上海已然入秋。秋天是美丽的季节，金色的季节，是收获春天热情的季节。《原野收藏拾贝》共收了百篇文章，涉及根艺、奇石、瓷陶和杂项四大类，图文并茂、内容丰富。《白鼠印泥缸》成为原野涉足收藏有些辰光的可靠佐证；《本地农家灶台用具》让人领略了上海本地人的风土人情；《唐三彩黑釉马》再现了大唐盛世的精彩风貌；《寿山石雕·一家亲》让我们铭记疫情期间，邻里抱团取暖、亲如一家的感人情谊。

日月经天，叹时间飞逝；江河行地，思难忘岁月。收藏是一项辛勤的劳动，需要一种锲而不舍的精神。俗话说“天道酬勤”，只要有恒心，坚持不懈地努力，一定会取得成功。收藏不仅是一种益智怡情的爱好，更是一门博大精深的学问，只要有心研究，认真体会，有睿智的慧眼和得当的收藏方式，就能收获更多的收藏快乐和兴趣。但是，写作同样也是一种努力付出，需要持之以恒，守护传统。俗话又说“不负春华，攀摘秋实”，经过原野的发奋努力，金秋新书如期与读者见面，可喜可贺！笔者也在此送上祝福，为他的热情与成功，点个大大的赞！

谨此为序。

目录

根艺

奇石

瓷陶

杂项

根艺

原野

收藏拾贝

野原
收藏拾贝

随形镂空木雕座子

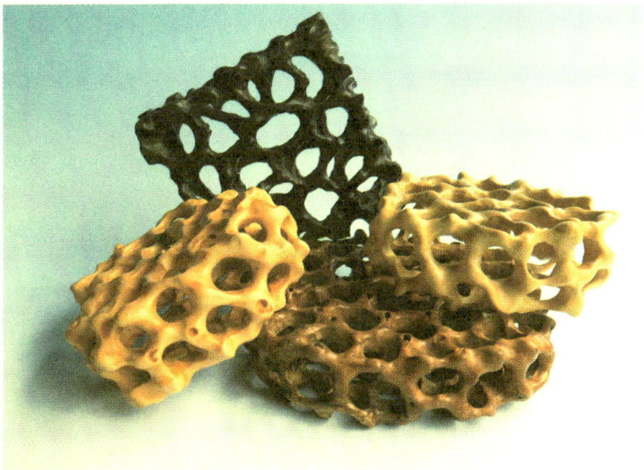

江苏南通作为全国木业生产地之一，从20世纪70年代中后期开始发展木业。在我印象中，虽然木雕工艺既多又广，但高档的东西不多，适应大众化的几架、工艺品之类的东西较多。经过几十年的发展，目前，南通红木市场已形成六大板块：崇川区产业集群，海门麒麟镇红木市场，如皋林梓镇红木市场，通州四安、平潮、刘桥红木市场，海安大公镇以及东掘港、岔河和平东镇。走遍全国所有花鸟市场，几乎到处可见它的木雕工艺品身影。

以前，南通90%以上属于小企业，生产能力低下，大多为家庭式作坊。“全国红木雕刻看江苏，江苏红木雕刻看南通”，这是在红木雕刻业圈子里广为流传的一句行话。据统计，南通红木雕刻被授予“江苏省传统工艺美术特色产业基地”，这也是南通民间工艺品中唯一获省级产业基地称号的。由于南通红木雕刻业分布分散，现有两个红木专业市场属乡镇级，却没有一个能集中展示南通红木雕刻技艺风采的更大的平台。

红木制品昂贵，因材料的稀缺性决定，但其真正价值还在于作品本身的文化和艺术含量。以前购买红木产品是追求物质享受和凸显其财富地位，现在购买红木产品则有保值、增值和艺术欣赏等需求，是文化素养提高的体现。消费者品位的提高对于红木业的发展既是挑战也是机遇。只有以不断创新的态度进行制作，并赋予名贵稀缺红木材料以更多的文化和艺术价值，南通的红木业才能有更加广阔的市场前景。

在海门麒麟镇，有一个红木制品专业市场，红木制造企业二十多家，红木个体加工户有数百家，从业人员达三千多人，并形成了以麒麟为中心、辐射周边乡镇的经济圈。我曾经两次专程前往参观和觅宝，这几个不同形状的镂空木雕座子，正是从麒麟镇的街铺里买来的。

东阳木雕·南瓜知了

东阳木雕起源于商周，发展于唐宋，鼎盛于明清。它以散点透视的平面浮雕为主，其雕刻材料应用广泛，因精雕细刻，一般较少漆色，突出表现原木的原汁原味，又称为“白木雕”。东阳木雕的选用材料讲究，要求木纹细腻、能耐久、无油脂、不易变形、不易开裂的材质。本件作品长 28 厘米，宽 12 厘米，高 8 厘米，既可做摆件，也可做挂件。收藏二十多年，至今形体不裂、不变，完好无损，不愧为东阳木雕的代表。

东阳木雕构图饱满，表现内容丰富，刻画层次分明，具有以小观大的艺术效果。在一定的平面和空间范围内，它所表现出来的内容可以媲美西洋浮雕，甚至更为丰富。在艺术手法上，以层次高、远、平面分散来处理透视关系并以中国传统绘画的散点透视或鸟瞰式透视为构图特点，所表现出来的内容比西洋浮雕更丰富，可以不受“近大远小”“景清”“远景虚”等西洋雕刻与绘画规律的束缚，充分展示画面内容，可谓“画中有景，景中有画”，达到主次分明、主题突出、赏心悦目的艺术效果。

南瓜是南葫芦科，蔓生草本植物，南瓜多子，加之藤蔓连绵不绝，寓意多子多孙、福运绵长、荣华富贵。在西方许多国家，每年万圣节前夜，人们用南瓜雕空成一盏盏精美的南瓜灯笼，用它来祛邪避鬼。知了又名蝉，在我国古代象征复活和永生，这个象征意义来自它的生命周期：它最初是幼虫，生活在土中，过几年甚至十几年后，蝉钻出泥土羽化为成虫。蝉的幼虫形象始见于商代青铜器上，从周朝后期到汉代的葬礼中，人们总把一个玉蝉放入死者口中以求庇护和永生。自古以来，人们对蝉最感兴趣的莫过于它的鸣声。诗人墨客歌颂它，并以咏蝉声来抒发自己高洁的情怀，更有甚者还用小巧玲珑的笼装养着蝉来置于房中听其声，以得欢心。在古人眼中，蝉是一种神圣的灵物，有着很高的地位，代表着纯洁、清高、通灵。由于蝉都是栖息在高大的树木枝头，只吃露水树汁而不食人间烟火，所以用其来比喻人之清高、高洁的品德。

《东阳木雕•南瓜知了》，不仅雕工精细、栩栩如生，而且是一件难得的、寓意深刻的高档木雕工艺藏品。

汉白玉双面屏风

本件作品是我多年前从金陵东路上海友谊商店买来的。它是著名的扬州汉白玉双面画屏风工艺品，一面是春夏秋冬，另一面为中国古代四大美女。

屏风长38厘米，高30厘米，厚1厘米。作品一面“春夏秋冬”是按照天地自然规律，展现了各个季节纷繁多姿的不同花卉，描绘了四季不同的景象，作品协调统一，相互呼应，布局润满，笔法细腻。另一面是中国古代“四大美女”：西施、貂蝉、王昭君、杨玉环（杨贵妃）。

这件双面玉屏风不失为一件佳作，极具艺术价值和收藏价值。

玉是中国传统文化的重要组成部分，以玉为中心载体的玉文化，不仅深深影响了古代中国人的思想观念，还成为中国文化不可或缺的一部分。玉文化包含“宁为玉碎”的爱国民族气节，“化干戈为玉帛”的热爱和平精神，“润泽以温”的无私奉献品德，“瑕不掩瑜”的清正廉洁气魄。总之，它包含极为深刻的精神理念和文化底蕴，是中国传统礼制和儒家思想的最高表现形式。

屏风，“屏其风也”。它作为中国传统家具的重要组成部分，由来已久。屏风一般陈设于室内的显著位置，起到分隔、美化、挡风、协调等作用。它与古典家具交相辉映，相得益彰，浑然一体，成为中式家居装饰不可分割的整体，呈现出一种和谐之美、宁静之美。屏风在三千年前的周朝就以天子专用器具出现，作为名位和权力的象征。经过不断的演变，具有防风、隔断、遮隐用途，并且能够点缀环境和美化空间功效的屏风流传至今，经久不衰，并衍生出多种表现形式。当今，屏风主要分围屏、座屏、挂屏、桌屏等，其中大型屏风能展示出高贵的气势，是客厅、大厅、会议室、办公室的首选。以往屏风主要起分隔空间的作用，现今更强调装饰性的一面。

这件作品由扬州邗江县利达汉白玉工艺厂生产制作。风格独特，造型别致，工艺精巧，材质新颖，更像一件赏心悦目的艺术品，既可以营造出“隔而不离”的效果，又展现其本身的艺术价值。它融实用性、欣赏性于一体，既有实用价值，又赋予屏风以新的美学内涵，是极具中国传统特色的手工艺精品。

核雕•小舟

微雕，是我收藏中比较喜欢的一个门类。家中收藏了不少微雕摆件，它们材质各异，有金属、石刻、陶塑，甚至还有进口的树脂微塑模型等。

《核雕•小舟》，是我几年前在藏宝楼闲逛，从阁楼的店铺中觅来的。东西虽小，但是雕工相当精彩。它长 4 厘米，宽 1.7 厘米，高 1.8 厘米，舟身首尾清晰，线条流畅，舟有篷有窗，两侧上面分别镌刻四位客人，共计八人，他们神态各异，栩栩如生。

核雕艺术是中国传统微雕艺术之一，橄榄核、桃核、杏核都是核雕的首选材料，因其体积小，工艺精细，所以在众多的雕刻中，核雕反而显得可贵。它能在我国民间工艺中自成一系、独树一帜，不仅因为它历史悠久，源远流长，而且这门工艺有它自身的特点。核雕也属微雕，正如《诗经•淇奥》所说："如切如磋，如琢如磨"，需要掌握浮雕、圆雕、透雕、线刻、磨制等技艺，创作上既要有一定的写实性，更要有丰富的想象力。核雕属于功夫活儿，心浮气躁是做不出来的。果核又小又硬，雕刻时，手指难免会被刀具锉伤，这就更需要有坚韧的毅力，否则只能半途而废。

明朝时，常熟的王叔远首创以橄榄核雕制"东坡夜游赤壁"之舟，舟上舱轩篷楫一应俱全，镌刻苏东坡等五个人物，精妙传神。乾隆年间陈祖章的代表作"东坡泛舟赤壁"核舟，舟长仅四厘米，有篷有窗，除苏东坡外，有客人、客妇、艄公、书童等八人，人物神态自然、宁静、超逸，个个刻画精致，在放大镜下看，光影迷离。

随着核雕的火热发展，其题材也在不断创新，从原来单一的罗汉头，逐渐演化出仕女、观音、弥勒佛等人物造型，花鸟、十二生肖、龙凤、辟邪神兽等动物造型，山水风景、古典园林等风景造型，以及经典历史、神话等故事造型。表现形式上，也产生了珠串、坠件、摆件（多为核舟）等多个品种。

不过总的来说，核雕题材还是以人物为主，人物题材当中又以宗教题材

为主。所谓宗教题材，指的是观音、弥勒、罗汉等，这一类含有特定的吉祥寓意，因此很受大众欢迎。其次为风景园林题材，这一类优美雅致，符合“风雅”要求。

果核原是人们食后的弃物，但是小小的果核在古代就成了艺人们发挥想象和施展刀技的载体，核雕和石雕、木雕、砖雕、竹雕、角雕、骨刻等相比，出现较晚。核雕当属文玩。文玩就是指文房四宝及其衍生的各种文房器玩。作为一名文玩爱好者，要传承好老祖宗传下来的东西，首先必须要学习好老祖宗留下来的文化。

红木首饰盒

首饰盒（匣子），也称妆匣、百宝匣、收纳盒、化妆盒，主要用于存放金银首饰，是中国古代女性最贴身、最钟爱的常用物。它藏匿着女人的秘密，记录着女人的故事，代表着女人美丽的梦想。

每个爱美的女人都应该拥有一只专属于自己的首饰盒：第一次送给自

己的礼物，第一件他送的惊喜，以及那许多无法忘却的回忆，都由这一只红木首饰盒为你一一承载，珍藏每个女子最美的时光……

古时，女儿出生之时，父母便开始为她准备嫁妆，陪嫁的妆奁有镜台、箱子、首饰盒、面盆等，其中尤以女子较为贴身的物品首饰盒最为珍贵，里面盛放了丰厚的嫁妆，装满了金银首饰，它寄托着父母对即将出嫁的女儿的深深祝福。

因为首饰盒所存放的多是主人家的珍贵藏品，所以百宝箱的设计制作往往要比其他家具更费心思，一般选用上好木材，如紫檀、黄花梨、酸枝木等，通常做工精湛，采用多种装饰手法，如雕刻、堆塑、雕漆、绘画等，往往是集当时精华之要的珍品，是一个时代工艺的集大成者。

该首饰盒系老挝大红酸枝古典首饰盒，高 12 厘米，长 9.5 厘米，宽 8 厘米。两侧面分别刻有花卉、树木等吉祥图案，盒面为一个椭圆形大“囍”字，盒顶有一个铜提手把。抽开盒盖，里面有大小相等的三个抽斗，可存放各类首饰宝贝。木盒选用“老红木”大红酸枝材质，大红酸枝，学名交趾黄檀，为明清“三大贡木”之一，是公认最好的酸枝木。酸枝木酸香怡人，还有除菌、静气凝神的功效。在工艺上采用榫卯结构，经久耐用，打磨细腻。

国人历来主张以物言情，注重行为举止的礼规风范，崇尚稳重端庄、温文尔雅的品格，追求自然天成的朴素美，这种文化精神和审美理念在红木首饰盒上展现得淋漓尽致。

所以，每个精致的女子，都应拥有一款古典首饰盒。在每一个清晨，打开这个独属于自己的百宝箱，享受“懒起画蛾眉，弄妆梳洗迟”的慵懒及“淡淡梳妆薄薄衣，天仙模样好容仪”的俏丽，于不经意间，演绎女子古典柔美的气质……

井冈竹雕

对我来说，旅游最大的收获莫过于当地特产的工艺品。这两件人物竹根雕来自井冈山。井冈山气候属亚热带季风型，满山遍野的竹林，遮天蔽日，嫩绿欲滴。一片又一片云雾萦绕在竹林之间，一条条石径歪歪斜斜地隐藏在竹丛之中。沿着石径悄悄进入那绿色的“湖泊”深处，阵阵山风习习而过，偶有鸟鸣清脆嘹亮。竹林是如此美丽和宁静，每根竹子都高高地伸向天空，显得亭亭玉立、优雅大方、蓬蓬勃勃、苍苍翠翠，充满了生命的气息以及大自然的和谐之美。竹子是井冈山的特产，而且是有名的古老特产，主要产地

在井冈山大小五井、荆竹山、朱砂、百泥湖、罗浮、黄坳、长坪、下七、茅坪、大陇、柏露等地。而且井冈山地区盛产的竹类品种也多，达120余种，它的形状有方圆之分，弧状、球形之别；竹干有龟背、佛肚、观音、弯直之奇；颜色有紫、绿、黄、黄中镶绿、绿中镶黄之美。以龟甲竹、湘妃竹、小佛肚竹、鸡毛竹等为竹类的珍品。

古人说：竹之为物，非草非本。是的，它既不同于凡草，也不同于俗木，它是介乎草与木之间的一种令人爱慕的独特的植物。人们爱竹，爱它那洒脱的风姿；爱它那挺拔的气势；爱它那虚心劲节的情怀；爱它那节外无枝的操守；爱它那刚柔相济的品德；更爱它那“依依君子德，无处不相宜”的性格。以“红色之旅”闻名的井冈山，它的绿色同样诱人，它的竹海风光同样迷人。井冈之美，美在竹子，巍巍五百里，翠竹浩瀚，山巅岗峦、陡崖石隙，无处不茂。井冈山是人们观竹、赏竹、陶冶心灵的美好所在。在这里，人们可亲近大山，迈向大自然，品味绿色的竹文化。

在工艺品市场上，我有幸结识了一位二十来岁的小青年，他专事雕刻人物工艺品。他根据竹子生长的特征，巧妙构思，例如这两例根雕，他利用竹子的根须分别表达年轻人的绒帽、老年人的胡须，真是栩栩如生、巧夺天工。

绿檀·达摩看书

达摩又称菩提达摩，印度人，是南北朝时期进入中原的得道高僧，自称佛传禅宗第二十八祖，为中国禅宗的始祖。根据传说，他活了150岁，不过后人将他的坟墓挖开，却发现棺材里是空的，以为达摩已经羽化成佛了，于是将定林寺更名为“空相寺”。

这件《绿檀·达摩看书》，是十多年前在杭州一条步行街上的工艺品铺里买下的。它雕刻精致、形态逼真、品相完美，属纯手工雕。作品长34厘米，高6厘米，宽7厘米。当我拿在手中仔细欣赏时，在旁的同事也啧啧称赞。

达摩原是南天竺国香至王的第三个儿子，后来为了弘扬自己的禅宗佛法，东渡来到了中土。当时正是南北朝时期，南朝的梁武帝十分痴迷佛法，动用了大量的钱财来修建寺庙，供养了很多佛家人士。听说得道高僧达摩来到中土，

立即派人将达摩接到了自己的都城。

《达摩看书》其教育意义，是培育观智。虽然学习佛法可以帮助我们在生活上培育善心，可以学习如理作意，但毕竟佛陀教导的不是让我们改善生活，而是让我们超越生死。也就是说，最终是要让我们断除一切烦恼，让我们灭尽一切诸苦。要如何才能够断除一切烦恼呢？要断除烦恼，必须得要修行。要修观，培育观智。什么是观呢？观就是观照一切名法跟色法的无常、苦、无我。先让我们去观照它，然后再去超越它。

当我从玻璃橱中拿出这件藏品赏析时，思绪万千。那还是十多年前的事了，我是赴杭州出差结束时，与同事一起去休闲街闲逛时看中的。它价格很贵，但是大家都了解我，其他不舍得，烟酒不沾，唯独喜欢收藏。

漆器 • 双层工艺盒

福州是当今中国漆器艺术的重镇，其漆艺发端于唐代，两宋时期由于官方的倡导和扶持，福州漆艺制作开始形成规模。南宋《淳熙三山志》记载，宋景祐三年(1036)在福州设作院，熙宁元年至熙宁十年(1068—1077)，拓充为都作院，内设十一作，其中有漆作。这一时期，福州漆器以雕漆为主，而且雕漆工艺中的基本刀法都已俱全，表明当时福州雕漆已达到较高水平。明代，随着福州漆器生产规模的日益扩大，福州漆艺真正迈开了走向世界的脚步。郑和七次下西洋前，船队均在福州长乐太平港停泊补给，大量采购福州及周边地区的瓷器、漆器、茶叶等具有福州特色的礼品作为馈赠之物。此时，福州雕漆的生产规模日益扩大，有大批漆工东渡日本以制漆谋生。日本《长崎志》记载著名漆匠欧阳云台的雕漆作品曾在日本风行一时，被誉为“云台雕”。明代福州与日本，特别是长崎的文化交流十分密切，漆艺交流尤盛。清代，福州漆匠沈绍安恢复创制脱胎漆器及其家族等对脱胎漆器传承创新，推动福州成为中国漆艺重镇。

漆艺之所以能在福州获得千年发展而至今不衰，一则有赖于福州得天独厚的自然条件，十分适宜制漆和养漆，二则因漆早已融入福州人的日常生活，在民间具有十分广泛的情感认同，三则因福建漆艺匠人代代相承。

岁月悠悠，中国漆艺在数千年发展中虽历经波折，但如今，以福州为代表的漆器工艺，正以自己独特的方式向前发展，展现着积淀深厚文化底蕴的气质和积极向上的时代风貌。

这件《漆器 • 双层工艺盒》，是我多年前在曹家渡友谊商店觅得的。其胎为木制的，外形呈圆柱状，共有两层，外表由红底、黑色花卉和枝叶镂刻而成，图案精美、细腻，制作相当完美。它直径 5.2 厘米，高 6 厘米。每层有卡口相嵌，做工讲究。

双色球笔筒

我是一个收藏爱好者，凡遇到喜欢的，我都会将它收下来。每到外地，工作完成后，我总会去附近的花鸟市场逛一圈，因为走遍全国，每个地方都有这种市场，只不过规模大小不同而已。这件笔筒的觅得便是一例。

这件根艺，其实是个笔筒，长 22 厘米，宽 15 厘米，高 22 厘米。笔筒两边对称地长着球状的树瘤，一个呈白色，另一个呈黑色，从上往下观看，似一个太极图，因此，我为它取名《双色球笔筒》。

这个根艺的属性我讲不清了，因买了已有二十多年，当时是问过老板的，他也没讲清楚。但自然界中，千奇百怪的树都会有的。树瘤是在树木受伤后，细胞无性繁殖形成的一种自我保护。其成因有多种，一般可分为外力损伤型与细菌侵染型。外力损伤型顾名思义就是树木受到物理性损伤后，由于筛管的断裂造成局部营养过剩，而引发的无序性细胞分裂形成瘤状组织。外力损伤型有时也包括病虫害引起的损伤，如天牛的蛀食。而细菌侵染型由于细菌种类的多样性，我们一般将其统称为瘤细菌侵染。

树瘤并不全是有害的，如某些树瘤可加工成花瓶、烟斗等艺术品，深受人们喜爱。花梨木树瘤尤为珍贵，颜色暗红，纹路绚丽，质地细腻，密实油润。中国古代称树因病而生成的树瘤为瘿。一般木材局部长瘤并不足为奇，但少数名贵木材长出的瘤较大，有的甚至整株树都长成空芯，全部营养集中到树瘤上，这种树瘤内部的纤维组织发生了变化，形成各种不同的美丽花纹，我们将其称为“瘿木”。瘿木的品种有很多，诸如桦木瘿、枫木瘿、柏木瘿、花梨瘿等，其中以花梨瘿最为名贵。有些传世的古典红木家具的面板就是以这种瘿木制作的。瘿木纹理华美，不易变形且十分稀有，因此是一种非常名贵的装饰用材。《双色球笔筒》的底板就是一件瘿木加工后的漂亮底板。

本地农家灶台用具

每到一处游玩，我特别关注当地的手工艺作坊，这三件就是在上海古镇七宝老街木工铺觅得的。其实作为一名老上海人来讲，上海郊区本地农家的灶台都喜欢使用这三样东西。20世纪60年代初，因全家由市郊搬迁至市中心，为不影响学业，我曾经寄宿在彭浦乡赵家花园的表哥处，在那里生活了一段时间。那时农村家家都使用大灶台，灶台上一般有两三个灶眼，大小两个铁锅，烧饭、烧菜用的，另外中间还有一个更小的灶眼，是长腰形的铁锅，用于存放水的。图中间那个就是大铁锅用的锅盖，图左边那个带柄的称水勺，图右边那个带把的称水桶。上海本地农民一般是使用井水的，相邻的村庄中总有一口大井，大家都用这种水桶打水，然后倒入家中的大水缸。

走进老街一间小小的门面，门口摆放着原木色的木桶，看起来朴素，却透露着一股浓郁的乡土气息。门店的中间，工匠正坐在他的专属“工位”上，俯着上半身，认真地打磨着一块木板，他的身后，密密麻麻摆满了三十多个各式各样的“神器”。“这十几个都是刨子，有长的，有短的，有长条形的，还有圆弧形的；另外那一排的十几个都是凿子，大的小的，弯的扁的，每一个都有不同的专属用处。”工匠笑着说。别看它们不起眼，但都是需要专门定制的，少了一样，就没办法做桶、盖了。

据他介绍，他们家从爷爷那一辈便开始经营木桶的生意，父亲也从十几岁开始从事这个行当。“小时候，不管城里还是乡下，家家户户都会有木桶、木盆，那时候的沪郊也遍布着数不清的箍桶匠。父亲生意好时，经常几天都没空和我们聊天，我们小辈看他做桶、修桶。”直到 20 岁的时候，他才接过父亲的手艺，成为这家百年木桶店的接班人。

昨天，在这家老店里，用他的“神器”还制作了一个小型泡脚桶的底。只见他先用尺子量好桶底的直径，然后根据尺寸，将一块块木板在坐刨上打磨成标准的圆弧形，再利用牵钻在木板上钻出小孔，插入自制的竹钉，再将几块木板拼接在一起，一个规整的圆形木桶底就做好了。“我现在做木桶，依然使用老一辈的土办法。”工匠说。每一位木匠的手中都有一个百宝箱，里面装满了自制的各种工具，角尺、槽刨、线刨、羊角锤……虽然如今机器制造十分发达，但这些老一辈的智慧却有一种别样的魅力，在老手艺人的手中发挥出更加温润的气息。这些“神器”他已经用了快几十年了，每一把都是自己做的手柄，配上专业铁匠打出来的刀刃，经过这么长时间的打磨，每一把上面都透出温润的光泽。“如今，不仅像我这样的木匠越来越少，能够做出这种专业工具的铁匠也越来越少了。”他说着，眼里似乎满是无奈。他希望能有更多的人关注到这些老手艺背后的古老智慧，感受这份用时光积淀下来的手艺背后的历史感。

姜饼木·嫦娥奔月

根雕艺术最早起源于中国，其历史悠久，如同中国制陶、雕刻、书法、盆栽、文学等艺术一样，来自社会实践、审美意识，在长期的生产实践过程中产生，且不断发展成熟。人类祖先开始用树枝、树根熏烤食物，或用其作为武器来狩猎及防御野兽的袭击，后来发展到用树枝制作简单的生产工具和饰品。

2016年秋，我在沪太路尊木汇文化产业园觅到这件来自云南的姜饼木根艺摆件，它长97厘米，高103厘米，宽30厘米。它的背面呈清一色的生姜色，正面为姜、褐双色。正反两面均布满了极为流畅、细腻的纹理。整件作品色彩素雅、形象飘逸多姿，形态和动态极佳，恰似空中飞舞的孔雀，又似传说中的飞天嫦娥，经斟酌考虑，最后我确定取名为“嫦娥奔月”。

根雕艺术在华夏的历史可谓源远流长。早在原始社会，人们已会用木头做装饰品。1982 年，在湖北江陵马山一号楚墓发现了我国战国时的《避邪》根雕艺术作品，其形为虎头、龙身、兔尾的四足怪兽，极富动势神韵。隋唐时期《李泌传》有用天然树根制作“龙形爪”献给皇帝的记载。而到明清两代，根雕技艺已趋成熟，出现了《玉玲珑麒麟》《凤凰》等作品。1985 年，中国美术馆专门举办了“中国根艺艺术联展”，并成立了中国根艺研究会。1994 年 9 月经民政部正式批准，成立了中国根艺美术学会，而且先后在福建、浙江、江苏等地发展了四十多个根艺团体，使根艺创作、发展达到一个前所未有的水平。根雕艺术以其独特的魅力、妙趣天成的艺术感染力，受到越来越多人的青睐。可以毫不夸张地说，根艺收藏并不逊于其他任何收藏门类。

“根雕艺术创作的构思，必须着眼于最大限度地保留自然之形，自然之美。”根雕艺术通常分为两种，一种是人工雕刻而成，一种是天然形成。云南根艺资源相当丰富，在全国首屈一指，并且云南受气候和喀斯特地貌的影响，根艺天然形成，造型美观、奇丽。

根艺作品如果没有奇特的造型就显得乏味，就没有“真、奇、古、怪、绝”的惊叹。一般情况下，一件好的作品绝大部分应该是天然品，很少部分被“人工”装饰。根味较浓的根雕艺术品往往是大自然的一个缩影，使人感到亲切，因而具有很高的艺术价值。工艺精湛的根雕艺术品，往往是工匠在保留树根自然形态的基础上精心雕琢而成，两者相得益彰，也就是人们常说的“三分人工，七分天成”。

一件绝佳的好根艺作品，应该具备完整的体形、完美的形态、完满的肌理、完好的油性、完丽的色泽等。《姜饼木•嫦娥奔月》系深山根艺老料，除了体表和根脚稍做处理，是纯属自然的，有天然裂纹，干芯表面有天然风化的流畅纹理和孔洞，不愧是一件世间独一无二的天然根雕艺术佳作。

镶嵌色崖柏笔筒

崖柏，柏科，国家一级保护野生植物。我国华北地区太行山脉岩石缝中枯死的崖柏树根、树干由于在极端恶劣的环境下生长，吸天地之精气，并经历崖风强力吹刮，形成飘逸、弯曲、灵动的造型。

多年前，我在一次根石展会上觅到了这件崖柏根雕笔筒。它长21厘米，宽13厘米，高20厘米。该形体比较奇特，笔筒呈立起的书卷状，书的封面、封底为白色，书内呈咖啡色，而且颜色分明，观之令人惊叹不已。

崖柏根雕，因其特殊的生长环境而形成其特殊的造型，成为根艺爱好者追逐向往的目标。因崖柏存世量极少，且形态天然奇妙、肌理自然美丽，油性硬度均为上上之选，为根雕的第一材料，故崖柏根雕作为根雕之皇冠，在收藏界享有盛名。我家中收藏了不少崖柏作品，我的这款崖柏笔架，曾经参加第四届中国国际艺术精品展，得到了不少观众的赞许，清华大学美院师生一行六人驻足观望，赞叹不已，并用相机一张一张拍下来，老师还邀请我向美院《装饰》校刊投稿。

竹木工艺笔筒

这件精美的竹木笔筒，长 13 厘米，高 13 厘米，呈阶梯式“U”形状。前半部为半圆形，可存放笔类文具，其面为机制竹刻花草图案，正中刻有繁体“励精图治”四个大字。后半部为木质结构，采用高低错落的形式分为两格，可存放名片或其他文具用品。底部还设有一个圆形转盘，能随意转动，方便使用者使用。

《竹木工艺笔筒》造型别致、构思巧妙、使用方便，为一款美观大方、简洁明了和多功能的书桌案头实用工具，它是上海电视台组织大型活动时赠送的礼品。

紫林坊·文房三件套

宁波紫林文房作坊创立于2000年8月28日，主要生产文房工艺品。它由中国工艺美术大师、国家级非物质文化遗产传承人陈明伟先生创办，是宁波首家对外开放的民办博物馆。

《紫林坊·文房三件套》，由笔筒、名片夹和书镇纸组成。采用国家级非物质文化遗产“宁波骨木镶嵌”的工艺制作。陈明伟从小对传统手工艺充满兴趣，骨木镶嵌难度极高，他却自学成才，其代表作《清明上河图》《梁祝文化》《万工床》等，至今已荣获20多次全国及国际金奖。

在长期艺术创作过程中，陈明伟的作品和收藏品越来越多，为了给它们找一个安置的地方，也为了让更多人欣赏到雕刻艺术的博大精深，他创办了紫林坊。

紫林坊是一座三层围廊式建筑，其最大的特色就是集传统与现代建筑文化于一体。深谙中国传统美学之道的陈明伟大师，赋予它许多具有传统特色的精致细节：为了营造最佳氛围，大师肯下本钱。光是“一寸花梨一寸金”的花梨木，就用去了100多立方米。这幢处处让人惊喜的建筑，自然值得一看。

紫林坊馆藏2000多件精美艺术展品，主要包括雕刻作品和其他书画、工艺精品。骨木镶嵌是宁波特有的传统民间手工艺，即将牛骨或象牙制成薄片抛光后，黏合嵌入木材上，再经打磨、涂漆而成。完成后的骨木镶嵌天衣无缝，古朴大气。隋唐时，它曾一度被列为宫廷贡品。不过相对的，骨木镶嵌的原材料质地坚硬，16道工序均需纯手工完成，对操作者的艺术审美、技艺水平要求都很高。

而紫林坊就是领悟骨木镶嵌魅力的好去处。这里珍藏着一具“万工床”。万工床，顾名思义，就是制作一张床需要耗费一万个工时。它是由陈明伟先生带领团队获得国际金奖的骨木镶嵌经典之作，其中60块骨木镶嵌的花板，每块都要花去2个多月的时间才能完成。紫林坊馆藏的其他木雕作品，不止雕刻技艺高超，其原材料也非常珍贵。

奇石

野原
收藏拾贝

野原
收藏拾贝

玛瑙·小龟山

这件手掌大小的奇石，是一件产自内蒙古、玉质感十足的玛瑙石，我是在灵石路石展上觅到的。它是一件正宗的玛瑙象形石。

石长10厘米，宽6厘米，高5厘米，其石质优良、形态极佳，酷似一只伸着长颈的小乌龟。我根据它的形状，选择了一些配饰，山上有一座宝塔，山脚边安置了水桥、长廊，湖中泛着小舟，远处似乎还有一处水乡、停泊的小船，组成了一幅秀丽的江山风景图。

玛瑙是指具有纹带构造的玉髓，它是一种胶状矿物，其主要成分为二氧化硅。硬度为6.5—7，比重2.65，断口呈贝壳状，透明至半透明，玻璃光泽。玛瑙质纯者皆应为白色，因含有有色离子或其他杂质，才会出现灰、红、蓝等色。天然红玛瑙经过“烧红”，热处理可使浅红玛瑙变为鲜红。也可将优质白玛瑙染成各种颜色。玛瑙市场上常做成手镯，也做一些小挂件和摆件。玛瑙主要产自巴西，我国玛瑙主要产地在辽宁阜新市和内蒙古呼伦贝尔市莫力达瓦达斡尔族自治旗宝山镇。据《中国民族》介绍，内蒙古的玛瑙矿产量居全国之首。

《玛瑙·小龟山》，朴拙而不失灵气，独出机杼，韵味悠长，形神兼备，尽显自然美和原始美。

彩泥石 • 生命在于运动

人生什么最可贵？有的人说是财富，有的人说是时间，有的人说是权力，但我觉得健康最可贵。因为健康是生命之本，只有拥有健康的体魄，才能享受美好的生活，只有身体素质良好的人，才能好好地工作和学习，去实现自己的理想，没有了健康的身体，一切都是空谈。

为此我取来一件天然汉白玉（长 30 厘米，宽 12 厘米，高 1.2 厘米），当

作底盘；又取来一块戈壁彩泥石（长11厘米，宽4.5厘米，高6厘米），视作小山。彩泥石又称古陶石，产于新疆戈壁滩上，质地坚密细腻，有水纹或草状纹理，形态极佳。为增添气氛，我在山后配了几株“树”（萝卜缨）；最后，人物方面我专门选用了德国的FALLER微塑模型组合，大小尺寸为2~0.5厘米，有登山、爬坡、扫地、锄地、挑水、推车……各种动态、各式人物，精致逼真、形态各异、栩栩如生，组成了一幅“运动无止，追求不息”和“生命在于运动”的画面。

“人生有三件事：学习、工作和生活！”这是每个人必须经历的，但是我认为其中每一项，都需要有强健的身体。身体是革命的本钱，没有强健的身体，你要怎么去读书？怎么去工作？怎么去生活？生命在于运动，生命的意义在于运动，运动是为了体现出生命的价值。让我们都来运动吧！

大化石·小固山

大化石，又称彩玉石，产于广西大化县红水河岩滩及水底，属硅质火成岩，硬度在5度左右。属水冲石类，开发于1997年。

《大化石·小固山》长15厘米，宽9厘米，高11厘米。石面光滑细腻，色泽丰富，且层纹清晰，呈土黄、浅灰、淡黑和咖啡等色，水洗度很好，石肤异常光滑润泽，形普通，宛如厚重稳固的拳头状，为此我称其为“小固山”。

据地质学家及赏石专家的考研，大化石即彩玉石生成于古生界二叠系约2.6亿年前,属海洋沉积硅质岩。其原岩为火成岩与沉积岩之蚀变带硅质岩石，色彩艳丽古朴，呈金黄、褐黄、棕红、深棕、古铜、翠绿、黄绿、灰绿、陶白等多种色泽，其成因在于岩石受水中溶解的多种矿物元素如铁、锰离子致色素的浸染所致。大化彩玉石石肤温润如脂，富有光泽，层理变化有序，色韵自然，纹理清晰而具有韵味，令人有温馨之感。石之形多见嵩岳云岗之景或瑋台仙境之貌，这，同时与红水河的位处有关，石的位处不同，石的形状就不同，大小也不同。从大化彩玉石的层次和纹理上，我们不仅能看到大自然的鬼斧神工，还能看到地球的年龄、宇宙的密语，这是最震撼人心的。

大化石不愧为观赏石中的奇葩，名石中的珍品。它集有中国绝大部分观赏石所具有的几乎全部优点，如长江石、玛瑙石和广西三江石的坚硬润滑，寿山石和广西合山彩陶石的细腻、光洁，灵璧石和广西来宾草花石的图案花纹变化多样、内涵丰富，马林玉石的色彩鲜艳等，深受广西和国内外奇石爱好者和藏石家的盛赞与重视。

大化石是岩滩一道亮丽的风景线，是广西大化县人民的聚宝盆，它给大化人民提供了新的就业门路和致富手段。

寿山石俏雕·灰天牛

雕刻创意的目的是把石料的俏色利用得充分合理，因此，作品题材的选择尤为重要。一块俏色石料的雕刻题材是否得当，直接关系到作品的艺术效果和艺术价值，也是俏色石雕作品能否成功的关键所在。因俏色石料难得，可遇不可求，而石料的俏色又表里走向不一，绺裂深浅无序，题材一旦选错，不仅作品平淡无奇，又可惜了好俏色。如何做到把石料的俏色用好，用到最佳，一要靠眼力读懂石料，对石料的俏色走向、颜色渗入的深浅有一个准确的预判；二要靠自身经验的积累，知识的丰富、思路够宽阔、创作灵感够活跃，雕刻题材的选择面才会更广。题材的确立只是俏雕成功迈出的第一步，还要精雕细刻，雕刻动物特别要注重对其神韵的刻画，使作品更加生动传神。

《寿山石俏雕·天牛》，呈灰土色，长 12 厘米，宽 9.5 厘米，高 12 厘米。所雕刻的这种昆虫叫作“泰坦大天牛”，它是世界上最大的昆虫，体长可达 16.7 厘米，能够一口咬断铅笔。尽管它的体形庞大，具有可怕的咬力，对人类却没有什么伤害。它们隐藏在南美洲潮湿的热带雨林，只有寻找配偶时才外出四处走动。它是世界上最神秘的生物之一，令科学家感兴趣的是迄今未发现其幼虫，他们认为幼虫身体直径可达到 5 厘米，体长达到 30 厘米。通过测量死亡树木上的较大蛀洞，科学家猜测幼虫进入成熟期之前在地下环境以腐烂树木为食度过几年时间。

彩灵璧·蛤蟆峰

灵璧彩石是灵璧石家族中的“美少女”，色彩艳丽、变化丰富。其单色彩石有红灵璧、黄灵璧、紫灵璧、黑灵璧和白灵璧等多种。而一石之上有双色或多色者，称为五彩灵璧石。

这是一方酷似呈蹲伏状蛤蟆模样的天然彩灵璧石，长 14 厘米，宽 6 厘米，高 10.5 厘米。它头部为乌黑色，身材分别带有浅灰、暗红和黑色等，虽然体量不大，但是色彩斑斓、纹理清晰、灵动可爱，我取名为“蛤蟆峰”。

此石以黑、红色为主，远观有山的气势，峰味十足，非常大气上档次。无论是把玩欣赏，还是当作风水石摆放，或是送给亲戚朋友，都非常合适。灵璧纹石上有天然形成的各种清晰流畅的纹路，美感十足。它是沉积岩与变质岩的综合体，沉积岩又名水成岩，是在水流搬运下，由泥沙、灰浆、海藻浮游物等物质沉积而成，随时间和气候的变化，沉积物的单层厚度、成分便有了差异，年长日久，形成了韵律别致、层理分明的纹理特征。又经过若干个地质年代，沉积岩中原有的纹理花纹在外力作用下，弯转扭曲，曲折变形，或者因为石英脉、方解石脉等物质的加入，形成新的花纹。

不论成因如何，纹石的韵味和美丽是无与伦比的。石头本是静物，在静物的表面能够形成各种流畅的线条，无疑又增加了动态的美感。《彩灵璧·蛤蟆峰》虽小，却浓缩了灵璧石的传统精华，正如巴尔扎克所说，“艺术就是用最小的面积，惊人地集中了最大量的思想”。

灵璧石·龟峰

在沪太路奇石展上，我有幸觅到了这方灵璧石，虽然它体量不大，但石质良好，石面光滑完整，最令我喜欢的是它是一件象形石。

它长 15 厘米，宽 7 厘米，高 12.5 厘米。整体像只抬头远望的乌龟，石色分为黑、土黄两色，头部和乌龟壳呈黑色，身体下部为土黄色，酷似一只正在抬头前行的小乌龟。为了组合盆景，我还专门在山峰前后配置了相应的水榭、凉亭、小树林，在湖面上配置了艄公划船、远处停泊的小舟，一幅美丽的画面映入眼帘。

灵璧石，隶属于玉石类的变质岩，为隐晶岩石灰岩，由颗粒大小均匀的微粒方解石组成，因含金属矿物或有机质而色漆黑或带有花纹。产于安徽省灵璧县渔沟镇的灵璧奇石形成于 8 亿多年前，分黑、白、红、灰四大类一百多个品种，其中以黑色最具特色。观之，其色如墨；击之，其声如磬。其形或似仙山名岳，或似珍禽异兽，或似名媛诗仙，被乾隆誉为“天下第一石”。

灵璧石更以它得天独厚的自然条件，形成一块块坚实青莹、造型奇特的天然雕塑品。当人们走进灵璧层峦中去踏山寻石,呈现在你眼前的有峰峦洞壑、剔透玲珑、惮奇尽怪、黛色荧荧的巉岩怪石，还会发现在众多的奇石中有鳞者、角者、游者、翔者、菡萏、蟠螭、仙翁、美女、菩萨、高士，或卧或立，或舞或蹇。灵璧石之奇妙者在于造型奇巧，体态夭矫，肖形状物，妙趣天成。虽片掌之大，能蕴万物之象；虽一拳之小，尽藏千岩之秀，确实有“试观烟云三山外，都在灵峰一掌中”之意境。

《灵璧石·龟峰》虽小，但形态极佳。正如玩石行家所称：小者可供于厅堂斋馆，或装点盆景，肖形状物，妙趣横生。

冰清玉洁赏玛瑙圣山

秋尽冬来，万木萧瑟。数以百计的观赏石品种之中，就有以冬季景观为表现主题的赏石，那就是玛瑙圣山石。

这方石高 20 厘米，长 20 厘米，宽 13.5 厘米。呈“V”字形，通体白色，洁白如雪，如迎光闪闪发亮。南墙上开有许多圆孔，利用窄巷高墙的气流变化，产生北风呼啸的效果，营造出冬天风雪的气氛。假山体量庞大，山谷涧壑，一应俱全，上面有的石头状如雪狮，给人一种寒风凛冽、积雪未消的感觉，这也是一方难得的玛瑙奇石。

该玛瑙圣山如同山水画中的皴法，十分奇特而又入画，令人过目不忘。尤其它全身富有冰雪白玉质感，如银装素裹，十分高冷而又矜持，令人如临其境，顿生寒意，为其他石种所罕见。

层峦叠嶂，凹凸有致，十分秀美，也是玛瑙石的特征。近年来，随着赏石、藏石队伍的不断扩展，“知石分子”愈来愈多，精品玛瑙荟萃，尽显其风采。

仙风道骨的风凌石

风凌石是中国大西北最具特色的典型奇石，它多产自内蒙古和新疆戈壁。此类石不像南方石种还需人工机械打磨，戈壁的风沙就是它的天然砂纸和砂轮。吹不完的戈壁风，风速大，而且夹杂着细沙，年复一年地对岩石吹打、磨砺，这实际上等于大自然对岩石进行全方位的抛光。在风沙口地带，经上亿年的风吹、雨淋、侵蚀，使得风凌石造型奇特。

这方山形风凌石，长 17 厘米，高 13 厘米，宽 8 厘米。尽管它体量不大，形态比较普通，但是色彩艳丽、漂亮至极。我藏有不少珍奇美石，但从未见过比它更美丽的奇石了，它甚至可与著名的国石——寿山石媲美。它红白相间，以红为主，酷似北京深秋香山的红枫色，为此我特意配了凉亭、长堤、水榭、小舟等，由此，一幅诱人的江山美景图跃入眼帘，令人赞叹叫绝。

风凌石是奇石中造型最为丰富的品种，其造型变化较大，千姿百态，具有奇石的瘦、漏、透、皱、清、丑、顽、拙、奇、秀、险、幽等十二个特点。结构有细条状、团块状、互层状或不规则的细纹理状等。由于长期遭受风沙侵蚀，从而形成了各种造型，有的似景，有的似物。似景者，有的似雄伟壮观的群峰，有的似白雪皑皑的冰峰奇景；有的似古堡、石窟等；似物者，有的似飞禽走兽，有的似仕女、士大夫等。每件石品无一雷同，都是大自然的唯一作品。

风凌石基本上可分为石灰岩、花岗岩和玛瑙质等几大类，它还是制作各种石料工艺品的上等材料，具有极高的收藏价值和观赏价值。但是觅到如此美丽的风凌石，绝对要靠缘分和运气了。

玛瑙·鼓山雄峰

玛瑙是在地壳表层内含砂酸的胶体溶液逐渐沉淀而形成的。所以它多呈层状，各层之间相互重叠成波纹形，光泽如蜡，呈微透明或不透明状。玛瑙的颜色主要为绿色、紫色、红色、白色、浅蓝色、褐色及黑色等。另外还有一些玛瑙呈现五彩缤纷的效果，多种颜色交织在一起，构成一些别致新颖的花纹。

这方奇石，高 19 厘米，宽 10.5 厘米，长 13 厘米，其凹凸有致、曲径幽深、造型奇特、材质优良、黄白相间、色彩漂亮，是我早年在上海杨浦公园举办的奇石博览会上觅到的，其形状像一个长腰形鼓，所以我取名为“鼓山”。

现代人赏石，除注重奇石的空、陋、透、瘦外，还十分注重石的质地、色彩、纹理。玛瑙石质地坚硬而又细腻，色彩绚丽，纹理奇特，集质、色、纹诸美于一身，是一种上乘观赏石。在玛瑙观赏石中，较为常见的有雨花玛瑙石和风砺玛瑙石。雨花玛瑙石是在水沙长期作用下形成的，风砺玛瑙则是在大漠千年风沙作用下形成的。雨花石小巧玲珑，秀丽可人；风砺玛瑙则风格迥异，粗犷大气，千姿百态。

我特意找到一位师傅，采用红花梨木，为它量身配了一个随形底座，并配上凉亭、小舟等。《鼓山雄峰》面目一新，尽显气势磅礴、俊朗美丽的雄姿。

玛瑙石•蘑菇峰

玛瑙的历史十分遥远，地下岩浆由于地壳的变动而大量喷出，熔岩冷却时，蒸气和其他气体形成气泡。气泡在岩石冻结时被封起来而形成许多洞孔。很久以后，洞孔浸入含有二氧化硅的溶液凝结成硅胶，含铁岩石的可溶成分浸入硅胶，最后二氧化硅结晶为玛瑙。

这件玛瑙石是在沪太路石展上觅来的。它长 13 厘米，宽 12 厘米，高 14 厘米。颜色单一，呈白色，整个形态由大大小小的圆团状的球形组成。它产自新疆，新疆地远辽阔，气候干燥，风沙大，由于近地面的风含沙粒较多，磨蚀力较强，使岩石形成顶部大、底部小的蘑菇状外形，称为“风蚀蘑菇”，因此我称它为“蘑菇峰”。

现代人赏石，除注重奇石固有的天然品质外，还会有所创造。我根据玛瑙石质地细腻、色彩绚丽、纹理奇特的特点，又专门为其配置了相称的宝塔、亭子、水桥、人物，并在湖中配了一只小舟，使它成为集山水相连、物景相配之美于一身的自然景观小盆景，成为“无声的诗，立体的画”。

木鱼石雕·茶具

木鱼石是一种非常罕见的空心矿石，有较高的收藏价值，形状大小不等，形态各异，一般有空腔，腔内物有的呈卵核状，有的为粉末或液体，手摇或敲击，能发出动听的声响。

木鱼石产于山东济南市长清区馒头山，外壳质地坚硬、细腻，通常呈豆状，也有钟乳状、块状等；表面为土褐色、橙黄色、紫红色或黑色；半金属光泽，新鲜断面呈介壳状；摩氏硬度约 5.5，比重 3.6。

木鱼石的矿物成分为褐铁矿，含量从 20% 到 78% 不等，其他杂质常为磷酸盐，还有少量的偏硅酸盐，以及锶、钼、锂、锌、硒等微量元素。木鱼石的石质非常细腻，据其巧夺天工的产出形状和内部形态，经切割、雕磨，可制成具有原始稚拙、野性、古朴大方的工艺品。尤其是那些惟妙惟肖、天然造型的木鱼石原石，具有极高的观赏价值。

木鱼石是中国有名的矿产，据考证，形成于距今约 5.5 亿—5.8 亿年，是一种珍贵的玉石石材，其产地仅限于泰山山脉西侧、被列入世界三大古老剖面标本山的长清区馒头山一带，贮量有限，极其珍贵，因其色、纹、声酷似和尚诵经敲打的木鱼，故称木鱼石。优质木鱼石与赝品在使用中自然会有更深刻的体会。视觉、触觉、泡水后的口感，都可证明。

木鱼石虽然是一种天然的石头，但是它含有多种人体必需的微量元素与矿物质，这些物质被人体吸收以后，可以促进新陈代谢，也能提高人体内多种酶的活性，能让人们的免疫力明显提高，对多种高发疾病都有一定的预防作用。木鱼石对水有很强的净化作用，它能吸收水中的有害物质，而且能改善水质。平时把木鱼石放在水中浸泡，五分钟后取出，就能让水达到优质矿泉水的标准，甘甜爽口，特别好喝。

泥石·人面狮身像

人面狮身像或叫狮身人面像，是一座位于埃及沙漠中哈夫拉金字塔旁的雕像，外形是一个狮子的身躯和人的头，为著名景点。而这方泥石的外形、比例都酷似横卧在古老文明的埃及开罗西萨市南郊沙漠中的那尊雕像。

这方泥石长 18 厘米，宽 9 厘米，高 8 厘米。泥石，形成于距今 1.5 亿年

左右的侏罗纪时期。湖泊中含有大量的泥沙，由于湖水的消退和蒸发，湖水中的泥质岩慢慢沉积。这些石头经风沙吹蚀、磨砺，雨水淋漓、腐蚀而形成。其表面有纹理的流水线槽，颜色有黑色、红色、褐色、绿色、黄色等。从玉化程度讲，可分为生泥石、熟泥石，跟和田玉、玛瑙石、碧玉等形成过程一样。

新疆是主要出产地。泥石是大漠奇石中的优秀石种，有极高的收藏价值。总之，泥石与文人气质一般，古朴淳厚，不媚不俗。

人面狮身像，是埃及著名古迹，与金字塔同为古埃及文明最有代表性的遗迹。像高 21 米，长 57 米，耳朵就有 2 米长。除了前伸达 15 米的狮爪是用大石块镶砌外，整座像是在一块含有贝壳之类杂质的巨石上雕成。面部是古埃及第四王朝法老哈夫拉的脸形。相传公元前 2611 年，哈夫拉到此巡视自己的陵墓——哈夫拉金字塔工程时，吩咐为自己雕凿石像。工匠别出心裁地雕凿了一头狮身像，而以这位法老的面像作为狮子的头。在古埃及，狮子是力量的象征，狮身人面像实际上是古埃及法老的写照。雕像坐西向东，蹲伏在哈夫拉的陵墓旁。由于它状如希腊神话中的人面怪物斯芬克斯，西方人因此以“斯芬克斯”称呼它。

原来的狮身人面像头戴皇冠，额套圣蛇浮雕，颏留长须，脖围项圈。经过几千年来风吹雨打和沙土掩埋，皇冠、项圈不见踪影，圣蛇浮雕于 1818 年被英籍意大利人卡菲里亚在雕像下掘出，献给了英国大不列颠博物馆。胡子脱落四分五裂，埃及博物馆存有两块，大不列颠博物馆存有一块（现已归还埃及）。塑像的鼻部已遭损坏。历经 4000 多年的狮身人面像，现已千疮百孔，颈部、胸部腐蚀得尤其厉害。1981 年 10 月，石像左后腿塌方，形成一个 2 米宽 3 米长的大窟窿。1988 年 2 月，石像右肩上掉下两块巨石，其中一块重达 2000 公斤。

如果没亲眼见过世界奇观金字塔，就不能说到过埃及。狮身人面像，与众多金字塔一起，以诱人的魔力吸引世界各地的游客。这件泥石，似乎让我们见到了它的缩影。

墨石·景观山

这方墨石造型别致，呈叠状形，曲折多变，有峰，有沟，还有平台，石色漆黑并带有白线纹，一看就是一方天然的景观山。它长 20 厘米，宽 9 厘米，高 11.5 厘米，是正宗墨石。

柳州墨石以墨黑色为主基调，经清理后深黑油亮，浑厚沉凝，极富稳定感。常见的墨石多象形状物，也有不少石上多石眼和弹窝，极类似太湖石。其造型美观，形象逼真，适合厅堂摆设。

我是多年前，在远郊的闵行奇石展会上觅到这方奇石的。《墨石·景观山》造型奇巧，层次迭出，曲径幽深，意境丰富，观之令人心驰神往，怀古之情油然而生。

墨石·空灵山

柳州墨石，又名墨湖石，发现于20世纪60年代末，因通体呈墨黑色而得名。广西柳州地区各县均有分布，尤以柳江县百朋镇产出的为佳。柳州墨石主要出产于石灰岩区域的一些平坝、山川及土岭之中，其珍品多埋藏于土层下。因含沥青和碳质，色黑似漆，间有白纹。石上白纹较多者，被称为花墨石。石上布满白点的，称为雪花墨石，较为少见。

这件墨石，体形不大，但形态怪异，主要可分两部分。下面部分主要是凹凸有致、蜿蜒起伏的山体，都是实心的；上面部分却几乎都是洞，而且洞窟连连，洞中套洞，洞洞相通，呈空洞状。为此，我取名为“空灵山”。

柳州墨石属碳酸钙沉积岩，硬度为3至4度，其色纯黑有光泽，外形通透玲珑，有瘦、透、漏、皱之自然形态，并叩而有声。由于其造型美观，形象逼真，使人一看就懂，最适合初玩石者入门以及厅堂摆设。近年来柳州墨石已大量进入普通人家，形成了一批墨石专业队伍。

《空灵山》全身漆黑，洞空连连，好像是太湖石。俗话说“山不在高，有仙则名”，那么“石不在大，有奇则灵”。《墨石·空灵山》让我爱之弥深。

青田石雕·黄芽菜

黄芽菜，北方人称白菜。双子叶植物，十字花科。一年生或二年生草本。叶生于短缩的茎上，叶片薄而大，椭圆或长圆形，浓绿或浅绿色；心叶白、绿白或浅黄色；叶柄宽，两侧有明显的叶翼。总状花序，花黄色。黄芽菜是大白菜的一个类群，是北方大棚、南方露地秋种冬收的菜种。黄芽菜的著名品种有“六十日”“菊花心”“瓦盖头”“包头”等。其共同特点是：白皮包心，顶叶对抱，包心坚实，黄化程度高。煮则汤若奶汁，炒则嫩脆鲜美，且耐贮藏，为冬令常备蔬菜。

《青田石雕·黄芽菜》高 5.6 厘米，长 15.5 厘米，宽 10.5 厘米，选用青田封门青中最好的石材——金玉冻雕刻。作者运用镂雕、圆雕等青田石雕的传统手法，将金玉冻雕刻成质感丰富的菜叶，菜叶由里到外、由小而大层层叠叠足有多层。

有意思的是，白菜这一最为普通的蔬菜，却得到古今中外艺术家的青睐，

以它为题材进行的艺术创作数不胜数，白菜艺术品有玉雕、石雕、木雕、砖雕、象牙雕，有国画、工笔画、油画，还有雕塑、瓷塑等。

艺术家们在白菜题材上各展其能、竞相献技，创造了神奇斑驳的白菜艺术品世界。白菜寓意“百财”，它象征发财、招财、聚财，它的发音和“摆财”相同，所以它也象征着有钱人家，是财富的象征。它的叶子白绿相间，代表着两袖清风，叶子是一层层包裹的，寓意“包你发财”。白菜有“纳百财”的说法，所以在玉器界也是很受欢迎的题材，常被人们拿来馈赠亲朋好友。

俗话说“百菜不如白菜”。小时候，每年到冬天，家里吃得最多的就是白菜和萝卜了。经历过风霜雨雪的白菜，吃起来特别甜。对于白菜的吃法，南北方也有些不一样，但是老少皆宜。白菜含有 B 族维生素，经常食用能够养胃生津，清热解毒。

栖霞石·卧牛峰

栖霞石产于南京栖霞山，石质成分为泥质灰岩及白云质灰岩。栖霞石也是江苏名石之一，它与雨花石合称“石城二宝”。栖霞石石色以青灰、褐灰、黑灰为主，红、黄、白、褐次之；形态千奇百怪，大多数为山形石或景观石；石肤纹理，错落有致，古朴典雅，浑厚沉稳，极具皱、漏、瘦、透之姿，是石玩和制作盆景的上等石材，在元代已做观赏之用。

这件栖霞石，酷似卧姿的水牛，头略微抬起，目视远方，身体呈侧卧状。

它长 21 厘米，宽 11 厘米，高 11 厘米。石色青灰，石肤纹理，错落有致，材质古朴厚重，握在手中感觉相当沉重。我为之取名为“卧牛峰”。

栖霞山，古称摄山，位于南京城东北 22 公里，南朝时山中建栖霞精舍（栖霞寺），因之得名。栖霞山有三峰，主峰三茅峰又称凤翔峰，海拔 286 米；东峰形若卧龙，称龙山；西峰状似伏虎，称虎山。栖霞石石质有粗有细，质粗者嶙峋苍古，质细者清润亮泽；栖霞石造型有的漏、透、瘦、皱，嵯峨空灵；有的峰峦叠嶂，嶙刚峭丽；有的凌空倒挂，峰回路转；有的清润秀丽，扣之如磬。栖霞石的表层纹理深浅有度，乳凸处清润光泽，如霞似锦，凹陷处纹理清晰，疏密有致，似行云流水，具有独特风采神韵。栖霞山、龙王山等地还盛产多种可供观赏和制作盆景的石料，主要有：千层石，生成于山脊裸露处表层，经长期风化而成，色黛黑，质地坚硬；北石，生成在山坡土层石缝中，纹理多变，表面裹有一层灰粉，色泽近似龟纹石；矾石，多产于山坡表层，属大理石质，有黄、白二色，色泽自然纯正，质地净者如玉，外形变化多端。

为了寻觅栖霞石，我曾经专程赴南京栖霞山。因栖霞景区方圆范围并不大，加上这种石材开采挖掘过早，在景区外，竟然没有见到一件栖霞石，它早已被禁止挖掘了。这件栖霞石，我还是从南京清凉山古玩市场觅来的。

寿山石雕·红天牛

天牛是鞘翅目叶甲总科天牛科昆虫的总称，全世界有 2 万多种。咀嚼式口器，有很长的触角，常常超过身体的长度。天牛成虫体呈长圆筒形，背部略扁；触角着生在额的突起（称触角基瘤）上，具有使触角自由转动和向后覆盖于虫体背上的功能。爪通常呈单齿式，少数呈附齿式。幼虫身体粗肥，呈长圆形，略扁，少数体细长。头横阔或长椭圆形，常缩入前胸背板很深。

该石雕长 11 厘米，宽 8 厘米，高 10 厘米。两只呈暗红色的天牛，攀爬在枯树上，体呈长圆筒形，背部略扁，体前端扩展成圆形，似头状。三对足，两对翅。

天牛因其力大如牛，善于在空中飞翔，因而得名“天牛”；又因它发出“咔嚓咔嚓”之声，很像锯树之声，故又被称作“锯树郎”。此外，我国南方有些地区称之为“水牯牛”，北方有些地区称之为“春牛儿”。天牛因种类与分布不同，体形的大小差别极大，最大者体长可达 11 厘米，而小者体长仅 0.4~0.5 厘米。此虫的特征是触角极长，我国华北有一种叫作长角灰天牛的，其触角长度可达自身体长的 4 到 5 倍，普通天牛的触须亦可达 10 厘米左右。另外一个特征就是它强有力的下巴。

俏色石雕是我国民间石雕技艺及手工艺作品中的一朵奇葩。《寿山石雕 • 红天牛》选用的石头原材料是来自福建的寿山石。寿山石因其色彩丰富、质地适中（很适合石雕造型），享有我国“四大名石”之誉。俏色石雕便是利用石头本身的纹理、天然颜色，加以精巧布局，雕琢成不同的花草鱼虫、飞禽走兽。俏色石雕给作者以极大的想象和创作空间，可谓“一石一世界”，需要作者独具慧眼，精益求精地挖掘。

寿山石雕·一家亲

寿山石是福州特有的名贵石材，其石质晶莹、脂润、色彩斑斓，色泽浑然天成，色界分明，具有稀有性、人文性的特点。它于2003年被确定为“国石”候选石。若以矿脉走向，又可分为高山、旗山、月洋三系。因为寿山矿区开采得早，旧说的“田坑、水坑、山坑”，就是指在此矿区的田底、水涧、山洞开采的矿石。经过1500年的采掘，寿山石涌现的品种达一百多种。

《寿山石雕·一家亲》为芙蓉石，长 12 厘米，宽 10 厘米，高 8.5 厘米。施以圆雕、透雕和俏雕手法，刻画了三口之家的兔子，身边是大小不等数十只白色蘑菇，一片呈褐土和开着红花的随形田野。画面是兔妈妈在耐心教小兔识别和采摘蘑菇，一幅其乐融融、温馨亲和的场景。

我突然想起一则《找妈妈》的童话故事。内容大概是：猫、兔、鸡妈妈，相处和睦，成为好邻居，哪家有困难，其他人都会主动伸出温暖的双手。一天夜里，小宝宝们都睡着了。鸡妈妈有急事出去了。小鸡突然醒来，发现不见了妈妈，哇哇大哭起来。兔妈妈听到后，赶紧跑去哄小鸡睡觉。兔妈妈刚走一会儿，小兔又醒了，因为找不到妈妈也哭了起来。猫妈妈听到了，立刻跑过去给小兔唱起催眠曲。猫妈妈走后不久，小猫也醒了，找不到妈妈，急得直哭。这时，正好鸡妈妈回家路过，连忙进去给小猫讲钓鱼的故事。在邻居妈妈的细心照料下，小鸡、小兔、小猫又重新进入了梦乡。从那以后，它们相处得更加和睦、亲如一家人了。我很羡慕故事里的动物邻居们，它们相处得如此融洽，遇有困难，都会主动互相帮助。

联想起这段时间我和我的邻居们的故事。平时大家互不相识，点头朋友多，即便同一幢楼里的邻居，也不知道姓啥、叫啥，习惯了不闻不问，似乎隔着一堵墙。这次疫情防控期间，大家互帮互助，演绎了一幕又一幕感人的场景：共产党员小葛前后奔波为大家服务，及时传达居委有关精神，主动联系配药、承担团购物品、组织安排核酸检测工作等；女孩韫韫，过去闭门不出，两只小泰迪整天围着她转，这次一改常态，她心灵手巧，熟悉电脑，Excel 统计表一会儿工夫就发至群内，全楼收款结账一手搞定；小董更是义务为大家理发，凡是重活、累活，他总是抢在前；还有一对夫妻，虽不是志愿者，但热心关心大家生活，主动献计献策，一次夫妇俩还冒雨推车为大家取货……总之，这些年轻人在关键时刻，成了大楼帮困主力军。经这场抗疫后，原来的隔阂已不复存在了。大楼里的人开始敞开心扉，成为亲如一家的好邻居。

寿山石雕•蟹

《寿山冻石•河蟹》(谐音和谐)，购于藏宝楼二楼福建人摊位。冻石，简称“冻”，是用于雕刻工艺品的上佳材料，晶莹润泽。按色调分为白冻、乌冻、黄冻、粉冻、灰冻、黑白彩、黄白彩等。其质地、透明度好，色泽鲜艳。

此件石雕长13厘米，宽11厘米，高5.5厘米。它取材寿山冻石，石质莹润，细腻凝脂，质感温凝含蓄。作者通过独具匠心的构思与细腻流畅的刀法，将植物与动物间的和谐关系表现得淋漓尽致。其形为一茎荷叶，风起卷掩成四合状，内壁筋脉隐约可见，内中可容水为笔洗。叶边缘栖息一蟹。底部横伸一枝莲蓬，左蟹螯正搭着它。仿佛清风拂过，荷叶肥厚，荷花微微绽放，螃蟹伏于荷叶上，造型随意自然，意趣盎然，真是别具匠心。

据记载，寿山石雕历史久远，至少在1500多年前就已开始。唐宋年间，经济繁荣，文化发达，使寿山石雕这一行业更加兴盛。元明之间，因寿山石洁净如玉、柔而易攻，印章便应运而生，倍受书画家、篆刻家赏识，使寿山石印章成为文人墨客心爱、珍藏之宝。清代更是寿山石的昌盛时期，寿山石雕技艺高超，堪称国之瑰宝。新中国成立后，寿山石雕得到开发，特别是改革开放以来，东西派融汇交流，取长补短，吸收了古代与西方之长，促使寿山石雕日新月异，出现了以薄意、浮雕、高浮雕相结合的表现手法，发展出透雕、镂空雕和银嵌等新技法。

每个时代赋予艺术创作的社会环境和文化环境都是不同的，寿山石雕也是随着社会的不断进步和人类认识水平的不断提高而逐渐发展起来的。每个时代、每件寿山石雕刻作品，都能够反映出当时的社会环境和当时人们的思想感情、精神追求、艺术情趣以及人生态度。古人常用蟹寓意“来财”，蟹也成为传统文化中重要的摆件之一。人们认为蟹有二螯，且粗壮有力，一旦钳住东西就不会轻易放开，寓意守住钱财，把不稳的偏财锁紧；而蟹又有八只脚，古时称蟹为八足虫，意指八方，八只脚的主要功能是抓，所以人们又赋予蟹

“八方来财”或是“八方来才”的美好心愿。螃蟹总是寻找水质清澈、阳光透彻、水草茂盛的水域栖息，蟹和荷两者相合更可谓富贵双全，中国民间以荷、蟹组合为图案的工艺品不少。如今，螃蟹与荷花的寓意已超越“富贵”，成为“和谐”的代表。

这件摆件不仅雕工精美，而且寓意深刻，演绎了一幅“花野蟹荷，相映成趣”的美好画面！

寿山石章

寿山石产自福建省福州市北郊 40 公里一个名叫寿山的小山村，这里山清水秀，云雾缭绕，常年温暖湿润，雨水充沛，是寿山石唯一的原产地。

寿山石在宝石和彩石学中，属彩石大类的岩石亚类，其种属，石名复杂，约有一百多种。千余年来，人们殚精竭虑，试图解开其奥秘，然而因技术缺乏，最终没能找到正确的答案。

寿山石，晶润莹洁，色彩斑斓，柔而易攻，无数美丽绝代的艺术品因其而生。自它问世之后，在玩石世界“三千宠爱集于一身”“他山之石皆卑凡”了。寿山石是中国国家地理标志产品，是中华瑰宝，位居中国四大章石（寿山、青田、昌化、巴林）之首。

早在四千多年前新石器时代，福州先民就已将它打磨成石珠、石镞了。目前已发现的寿山石雕刻品距今已 1500 年了。南宋时，寿山石矿已规模开采。经元、明、清发展，形成了独立的寿山石雕产业。自明朝始，寿山石应用于印章材料。寿山石雕刻艺术品精巧绝伦、巧夺天工。明清时期，寿山石雕的印纽技法已达到极高的境界，康熙等皇帝对寿山石印章情有独钟，用寿山石制宝玺，由此，寿山石印章成为帝王权力的象征，寿山石特别是田黄石身价也随之倍增，有“一两田黄三两金”之说。寿山石雕技法丰富多彩，技艺精湛，有圆雕、印纽雕、薄意雕、镂空雕、浅浮雕、高浮雕、镶嵌雕、链雕、篆刻和微雕等。作品题材广泛，有人物、动物、山水、花鸟等。

寿山石雕刻艺术博采众长，融合了中国画和各种民间工艺的雕刻技艺与艺术精华，它的社会影响面极广，具有“上伴帝王将相，中及文人雅士，下亲庶民百姓”之艺术魅力，深受国内外鉴赏收藏家们好评。

这套“福建寿山石章”购于福建艺术品雕刻厂的门市部，它包装完美，里面还存放了四枚不同石章，分别是“月尾紫”“高山”“太极”和“老岭”，雕工精致，卓越不凡。

沙漠漆·福在眼前

所谓沙漠漆，就是在戈壁基岩裸露的荒漠区，由于地下水上升，蒸发后常在石体表面残留一层红棕色氧化铁和黑色氧化锰薄膜，像涂抹了一层油漆，故名沙漠漆。这些矿物质不仅仅停留于石头表面，也进入石内一定深度，形成各种美丽的画面，似湖泊，如山水，以及像各种生物体形状的图案石。

这件油性十足、形态完美、材质极佳的材料，为正宗的沙漠漆，它酷似古代一张呈长方形的炕。炕上摆放着一只几桌和供奉的香炉。沙漠漆长 12 厘米、宽 5 厘米、高 1.7 厘米。一件寿山石雕成的小和尚正襟危坐在几桌前，一只蝙蝠飞到他的脸上（寓意“福在眼前”）。

“福在眼前”是艺术品创作中运用得比较常见的一种手法，这个寓意从清朝末期才出现，真正用得最多的是在民国，所以很多民国时期的东西都会出现蝙蝠形象。有蝙蝠和大钱图案的叫“福在眼前”，有蝙蝠、梅花鹿、寿桃的叫“福禄寿”，现在看到有蝙蝠、如意、寿桃、貔貅图案的也都叫“福禄寿”，取自谐音，寓意吉祥。

松花石·景观山

松花石又名松花玉，因其质地坚硬如玉、色彩艳丽柔润而得名。产于长白山区的江河之畔。大约在8.5亿年前的震旦纪时期，长白山地区当时是一片汪洋大海，海水中溶解的大量碳酸钙，由于海水的蒸腾作用而缓慢沉积下来，又经过成岩作用而成为石灰岩。松花石地质学名叫作微晶灰岩，内含方解石、石英、磷、硼、钡和铁等多种矿物质。由于各种成分含量的些许差别，使得松花石色调丰富，以绿、紫、黄、黑、驼青等色居多。由于是缓慢沉积而形成的，松花石保存了形成之初的痕迹，形成了独特的如木纹般流畅舒缓的自然纹理。其各色相兼、纹理奇特、点线皆明、质地坚实、温润如玉、凝如膏脂、细如肌肤、扣之如铜、声脆悦耳，使它成为自明清以来上乘的制砚材料。以其雕制而成的松花砚，有色嫩而纯、滑不拒墨、涩不滞笔、松烟浮艳、毫颖增辉的特点。

松花石颜色多样、俏丽，层理明晰，主颜色为绿色、紫色。颜色从深到浅又可分为褐黑色、紫色、灰紫色、灰绿色、黄绿色、绿色、浅灰色、灰白色等，并夹带斑斓的纹理。其成因主要是在氧化与还原交替的浅海环境中，大量物质带出带入，形成多物质、多颜色相互沉积。

《松花石·景观山》长14厘米，宽8厘米，高6.5厘米。其颜色为稀有少见的黑色品种。我依据它的特征，配置了一些颜色相衬、搭配相应的小摆件，景观山的秀丽美景顿现。

武陵石·古城堡

武陵石处于古老地层数亿万年的变化发展中；历经风雨雷电、酷暑严冬、洪水地震、沧海桑田而苍旧古老。武陵石以图纹石居多，其色泽凝重、古朴，复色与间色十分丰富。体量大的石头一般底色呈浅灰、墨黑、古铜等色。其形象多变，似楼台、洞窟、亭阁、古堡等。

这方武陵石长 22 厘米，宽 17 厘米，高 12.5 厘米。其色质古朴，形态神秘，洞窟连连，酷似欧洲中世纪的古城堡。这正是独具特色的武陵石魅力所在。我是奇石爱好者，往往喜欢到人烟稀少的沙漠去旅游，为此曾经远赴玉门关雅丹魔鬼城，那里的地貌群就是如此。武陵石的造型就酷似那里的奇观。

《武陵石·古城堡》的觅得，似乎让我揭开中世纪城堡的神秘面纱，得以一窥究竟。

武陵石·柯岩峰

奇石收藏，是我的收藏中占比很大的一类，家中藏有各种奇石。其中，尤以武陵石最多，发表的文章也最多。因为这些奇石中，对我最有吸引力的就是武陵石。根本原因是它体量不大，材质轻巧，出形丰富，观赏性强。市场上通常所见的武陵石，都产自湖南湘西武陵山脉中。其形状与徐州吕梁石较接近，但相比更透、更瘦、更漏。一般为上下均分、中间镂空、一层黑岩一层灰岩的叠层石，层次分明，色泽古朴，变化多样，十分奇巧，多似亭台楼阁、海市蜃楼、神秘古堡等形态。

这件武陵石虽小，每次见之，便让我想起往事。它酷似浙江绍兴柯岩风景区。我曾经三次去过那里，它坐落在绍兴城西12公里处的柯山脚下。柯岩云骨从平地上直插云霄，形体曲折，可称奇观。该石高15厘米，宽8厘米，长14厘米（连座）。它下半部小，上半部大，呈拔地而起姿态。

我专门请到一位红木师傅，取材黑檀木，量身定做了一个随形底座，《柯岩峰》立刻展现我的眼前，让我回想起那些难忘的岁月。

武陵石·临水峰

武陵石，我是它的崇拜者。这件武陵石虽小，但它的造型气势实在让我宠爱有加。

该石虽然体形不大，却形象极佳。它长 16.5 厘米，宽 3 厘米，高 8 厘米。呈横卧“F”形，我称它为“临水峰”，因石峰横跃而出，却不倒挂下垂，宛如临水，峰头伸向远方，故称临水式。石色古朴，石体凌空而起，石柱下大上小，尽显稳固、挺拔、雄起。石峰下的湖面上配以艄公划舟，远方还泊着两艘小木舟，画面引人入胜，让人产生联想，思绪万千。

武陵奇石地质年代最为古老，古气超群。色老古，纹苍遒，光幽然，具醇厚韵味。武陵青山绿水，其清气石种色素淡雅，纹线浸润，明快清新，意境高远。

这方《武陵石·临水峰》，真可谓“奇石武陵石，一览其山势。虽居小石斋，自有临水峰”。

武陵石 • 清凉峰

武陵石石形丰富，纹理清晰，石上纹理有平纹也有浮雕纹，由块、面或点、线构成自然画面，有写意也有写实，似动物形者神态各异，惟妙惟肖，似山水风景者独具特色，尽现名山大川的风情和自然神韵，近处山石见质，远处山形见势。

该石，长 13 厘米，宽 10 厘米，高 16 厘米（连座）。因该石上部分洞窟通透，石体下是个硕大的空洞，看来四周通风，非常凉爽，所以我称它为“清凉峰”。

我特意请师傅取材黑檀木，按照石形配了一个随形底座，山洞下还置放了一叶小舟，一派立体的山水美景映入眼帘。

《武陵石 • 清凉峰》，真是一方形奇、景美的好石。

武陵石·双人峰

武陵石，产于湖南省武陵山脉的常德、桃源、石门等地。武陵石为多年水流冲击而成，石质光滑，色泽古朴、造型变化多样。

本件作品长 17 厘米，宽 15 厘米，高 16 厘米（连座）。这方奇石，酷似两位老人相依为命、休戚与共、相互依靠，依据形态，我为之取名为“双人峰”。我请了一位师傅，取材黑檀木，依照石头形象，相应配了一个随形底座。

《武陵石·双人峰》，以其独特的造型，让我们一睹武陵石千姿百态的别样风采。

武陵石·亭峰

亭，在古时候是供行人休息的地方。“亭者，停也。人所亭集也。”亭“造式无定，自三角、四角、五角、梅花、六角、横圭、八角到十字，随意合宜则制，惟地图可略式也”。有半山亭、路亭、半江亭等。其外形上大下小。

这方石就具备了这一特征，酷似一座凉亭。它长 17 厘米，宽 12 厘米，高 13 厘米（连座）。石体顶部像个顶盖，而且石体洞孔通透，具备亭之适合休闲、小憩功能，因此，我为之取名“亭峰”。

每逢上海举办奇石展，武陵石的摊位，必然会出现我的身影。每次，我都会前往参观，为此还结识了不少产地的石商。石展无论远在松江“万春园”，还是在多伦路、灵石路或沪太路展出，他们都会打电话告诉我，以便我及时赶到，并能挑到最好、最美的石头。这件“亭峰”就是在灵石路花卉市场石展会上选来的。

《武陵石·亭峰》，奇特的造型让我欢喜，于是将它收入囊中，成为我不少武陵石中的一方代表。

武陵石·雅丹奇景

武陵石意境空灵，气韵生动，富有变化，是我偏爱收藏的石种。2012 年秋，在上海万春园第十届中国赏石展上，我觅到了这方武陵石。

该石长 17 厘米，宽 14 厘米，高 17.5 厘米（连座）。整体呈雄鹰猎物。它站立在起伏有致的石面上，石面下是带有空洞的石窟。我专门请了一位师傅，取材在藏宝楼购得的一件花梨木材料镂空雕刻的随形底座，和这件武陵石相配，效果非常好，一幅壮丽的《武陵石·雅丹奇景》顿入眼帘。

武陵石产于湖南湘西武陵山脉中，在前震旦纪时，武陵山脉曾普遍为海水淹没，岩石由此长期受海水的侵蚀，又经漫长岁月的地质运动、自然风化、河水搬运、冲刷与沙石磨砺，溶蚀后形成了现状独特的武陵奇石。石形多为石瀑、楼阁、龙舟、怪峰、洞窟、山峦等。

《武陵石·雅丹奇景》，再现了我曾经去过的神秘莫测的玉门关雅丹魔鬼城的地貌。

武陵石·椰岛奇窟

这块奇石，长 22 厘米，宽 16 厘米，高 13 厘米，呈长腰形。中间有一个长形石窟，窟内有洞，洞内套洞，洞由两根鱼尾状的石柱支撑。石柱撑得极其到位，其状似“龙游石窟”和安徽黄山“花山谜窟”的石柱一般。石窟边，我特意配置了两棵高大的椰树，并给它取名为“椰岛奇窟”。

2013 年初，我找到了一位祖传红木艺匠，取材紫光檀木，采用简约风格，配了一个随形底座，最后产生的效果相当好，两者协调、吻合，相得益彰。底座呈黑色，衬托得石头更鲜明，石窟更雄伟，彰显了《椰岛奇窟》原来独特的完美本色。

寿山石雕·龙龟

龙龟是我国吉祥四灵之一，是一种瑞兽。龙龟龙头龟身，是忍耐、负重、长寿、权威的象征，在众多吉祥之物中，此兽是最为祥瑞之物。

《寿山石雕·龙龟》，长15厘米，宽8厘米，高7厘米。采用寿山石雕刻而成。

龙龟雕塑的形象各不相同，龙龟贝壳上雕刻的图案也不同，有些雕刻着赐福图文，有些雕刻着元宝，有些雕刻着脚踏钱币。《寿山石雕·龙龟》上刻有百个各式篆体“福”字，是非常精致的艺术品。

龙龟代表神秘不可捉摸和长寿两种象征意义。长寿吉祥的灵兽，当属龙龟。以龙龟为代表的四大灵兽也均以独特的寓意受到人们喜爱。

此藏品精取上乘寿山芙蓉石，石质莹润，器身雕作龙龟形，整器雕工细腻精湛，线条流畅，裹浆醇润，是收藏、陈设佳品。我特意选择了一个深色黑酸枝木精雕底座相配，两者色差明显，更突显龙龟典雅高贵的品质。

瓷陶

野原
收藏拾贝

瓷雕·大丹犬

我平时比较喜欢动物，了解我的人都知道，一般家庭饲养的动物如家禽等，我从小就不吃的，因为我喜欢它们，还曾经饲养过这些小动物，譬如鸡、鸭、鹅、猫、兔和狗等。

这件瓷器是我从上海友谊商店买来的，它高33厘米，宽11厘米，长16.5厘米。大丹犬，也称作大丹狗、德国獒，曾被欧洲王室及贵族饲养，是贵族身份地位的象征。大丹犬体高一般为70~90厘米，体重为50~70公斤，毛短厚而富有光泽，头大而窄长，毛呈黄褐、虎斑、蓝色、黑色或黑白花色等。外表高贵优雅，体形大，肌肉丰满，强壮有力。在大型工作犬中，大丹犬是唯一体态匀称、可以轻松长途跋涉的犬，人们称它为太阳神的犬。

大丹犬体格健壮，四肢发达，有耐力，情绪稳定，兴奋持续时间短，偏安静，但灵活性和忍受刺激的能力较狼犬差。对口令和手势等，狼犬3~5遍可形成条件反射，大丹犬则需6~10遍。经过严格训练，大丹犬在巡逻、警戒、防暴等方面有其独特的优势。一是体形高大，奔跑速度快，威慑力强。二是条件反射形成后不易退化，注意力集中，忠于职守，作风顽强。三是在探索中发现迹象自动追踪捕获罪犯的能力较强。四是扑咬力量大，夜间使用效果好。大丹犬是感情丰富、体贴、忠诚心强的犬种，勇敢、友好，值得信赖。

德国高宝喜姆瓷偶

德国著名陶瓷品牌高宝（Goebel）为全球最大的瓷器工艺品生产商之一。它成立于1871年,位于北巴伐利亚拥有九百五十多年历史的Coburg镇的附近。高宝所有的人物、餐具等各大类陶瓷装饰品都是手工生产，一直受到世界各地陶瓷迷的喜爱，它的产品皆为全球限量发行。

这件作品是同事出国访问，回来带给我的礼物。它是喜姆娃娃瓷偶，主角是一位挎着双肩书包的小男童，身高 8.5 厘米，长 5.5 厘米，宽 2.8 厘米。男童正打算去学校上学，可是他的小伙伴小花狗死缠着他，不让他走，似乎在说再玩一会儿吧。旁边两只小绵羊一边吃草，一边也有同样的意思。

高宝一直以来以制作精良且极具艺术价值的手造精品摆设享誉世界，在欧洲、美洲和亚洲都广受欢迎。高宝作品中的艺术名家精品系列更是经典作品。高宝所有的作品都有画作拥有方的授权，在陶瓷及水晶玻璃制品上印上大师们之签名画作。

德国喜姆娃娃号称“全球最贵娃娃”，诞生于 1935 年，是德国最著名的瓷制工艺品，所有娃娃形象均来自德国一位名为胡梅尔（Hummel）的修女画稿，被制成精致瓷偶供人欣赏，是当今最受追捧的珍藏品之一。这些由特殊陶土制作的乡村孩童瓷偶，总能创造出一种温暖朴实的质感，轻易捕获我们内心最柔软的那部分。胡梅尔修女遗留下来的艺术画作共有2000多件，一直被她曾居住的修道院完整地保存着，如今，已有600多件制作成瓷偶问世。而今，欧洲地区就有5座喜姆瓷偶博物馆，完整收藏了各个年代的喜姆瓷偶，1987年还成立了喜姆娃娃俱乐部，据说全世界范围内至少有50多万喜姆娃娃的粉丝。这些可爱的小瓷偶不但被收藏家赏玩，在国际拍卖市场也身价陡增。仅就国内来说，售价最低的喜姆娃娃价格在800元以上，最高的价格为20多万元。对于瓷偶收藏界来说，喜姆自然堪称“最昂贵的洋娃娃”。

一尊喜姆瓷偶，从平面稿变成一个立体瓷偶，需要整三年。娃娃的工序有100多道，全部是手工的，产量极少。每尊瓷偶皆是人工手绘，有时甚至花上一整天才能完成一尊喜姆瓷偶的着色。而着色，正是整个娃娃的生命力所在。画师给瓷偶着色完毕，便在瓷偶的底座签名，并加注一个高宝瓷厂的盖印，以示瓷偶的出厂年份。盖印会随着瓷偶的制造年份而更改，因而成了收藏的指针之一。瓷偶模子用过20次后便会销毁，从此不再有同一款式的瓷偶。正由于喜姆瓷偶是手工制作，每次产量有限，而部分的产品由于有数量及年份的限制，更令其价值不断提升。

喜姆娃娃瓷偶不同于普通的瓷偶之处在于，艺术家胡梅尔修女热爱儿童，热爱孩童身上散发出来的人性之美，尤其是在目睹了第一次世界大战对世界造成的创伤后，她决心展示儿童最美的天性以唤起人们对爱的向往。喜姆娃娃纯真自然的神情，散发着对生命的赞颂，感动温暖了无数人的心。

高宝推出的精品艺术名家系列，尽展弥足珍贵的西方艺术大家的艺术经典作品，让喜姆瓷偶成为一代人心中不可磨灭的形象，它是让高宝历经百年而长盛不衰的根本原因。

仿古重工粉彩盖罐

慎德堂，本是圆明园九州清晏建筑群的一座。道光皇帝独爱此堂室，并长期在其中办公，特别在晚年，慎德堂更是被他当作“养心殿”，颁布无数政令。

这款“慎德堂”仿古重工粉彩盖罐，我是从南京东路陶瓷精品商厦四楼的景德镇代销店觅来的。它口径 21.5 厘米，底径 13.5 厘米，高 20 厘米，是仿制品，但它的瓷器品味相当高。

早在道光年间，出于对慎德堂的偏爱，道光皇帝要求慎德堂的日用品上，均带有“慎德堂制”的标志。在这样的背景下，景德镇御窑厂为慎德堂烧造了一批瓷器，随年贡进京，作为道光皇帝的私人御用瓷器，威风八面。这些器物造型多为日用器皿，有少量的陈设器。主要有碗、盖碗、盘、瓶、羹匙、渣斗、鸟食罐、罐、花盆、盆、花插、器物座等。而今看来，这些器物依然典雅大方，不失当年的魅力风采。

慎德堂款瓷器不仅代表了道光时期景德镇御窑厂制瓷的工艺水平，也承载了道光皇帝“崇俭去奢，慎修思永”的治理理念。慎德堂款瓷器制作之精致，是同时期其他瓷器所不能比拟的。在故宫博物院传世品种中，除当年放置于慎德堂内使用后被焚毁、流失的瓷器外，慎德堂的东西不多，数量稀少，因此弥足珍贵。

金地万花薄胎皮灯

薄胎皮灯又称宫灯，俗称薄胎灯，是景德镇传统工艺中久负盛名的特种工艺产品，为薄胎瓷中的佼佼者。它是纯手工制作，其胎质“白如玉、薄如纸、明如镜”，似乎没有里胎,真正是“白胜霜雪、薄如蛋壳、轻若鸿毛”。景德镇生产的薄胎皮灯曾多次在国内外获奖。

景德镇薄胎陶瓷源于北宋影青瓷，成型于明代永乐年间。薄胎陶瓷灯作为薄胎陶瓷的一个品种，由于其工艺的复杂性及成型的高难度，最早只是作为宫廷的装饰灯具。瓷都景德镇人传承了薄胎陶瓷的千年绝技，如今发展出走入寻常百姓家庭的现代薄胎陶瓷灯具。

薄胎灯，须经三次高温烧成，温度高达 1300 多摄氏度，因此在耐高温特性上无与伦比，再长的照亮时间也丝毫不会影响灯罩，更不会有异味、褪色等问题；因采用世传秘方配料烧成，其莹白透光性极好，比普通磨砂玻璃或烤瓷玻璃在透光性上更胜一筹，透出的光线更显温和柔美；其瓷体厚度均在 1 毫米左右，轻轻敲之，声音清亮如磬；瓷体外形饱满、圆润，釉彩发色艳丽，附着性极好，百年不褪色，釉面也不怕摩擦蹭刮，便于清洁。

这件金地万花薄胎皮灯，高 23.5 厘米，灯罩高 14.5 厘米，胸径 12.5 厘米，上口径 6.5 厘米，下口径 6 厘米，灯托高 9 厘米，底座直径 8.5 厘米。“金地万花”，顾名思义，指器物以金彩打底，并与粉彩装饰结合，绘制各色花朵将整个画面填满，不露瓷底，也不露花朵枝干，极尽工巧。百花如同天女散花，浮于空中，故亦称“百花不落地”，突显高雅和富丽堂皇。

“百花不落地”是清代乾隆、嘉庆时期景德镇流行的一种粉彩瓷器，以花卉为装饰题材，又称“万花锦”“万花堆”“万花献瑞图”等。清代乾隆时期是清代社会发展的鼎盛时期，御窑厂荟萃了名师巧匠，无论数量、质量都达到了历史的顶峰，“百花不落地”的装饰风格就在这个盛世间应运而生，专供皇室使用。据《乾隆内务府纪事》记载，这种图案的器物为寻常赏花时所用，有“万花献瑞”之吉意。当时曾明文规定：“年节用‘三阳开泰’，上元节用‘五谷丰登’，端午节用‘艾叶灵符’，七夕用‘鹊桥仙渡’，祝寿用‘万寿无疆’……寻常赏花用‘万花献瑞’，俱按时令烧造。”不同纹饰有不同的使用场合，可见当时人们对纹饰的态度并不仅仅出于美，还注重寓意。

薄胎陶瓷灯，以世传秘方结合现代工艺，打造出独一无二的现代薄胎陶瓷灯。其晶莹透亮如月、洁白温和如玉、轻盈圆润如脂，代表了当前景德镇现代薄胎陶瓷灯罩最高的工艺水准。

仿古人物粉彩蜘蛛纽盖罐

此罐系仿古人物粉彩蜘蛛纽盖罐。粉彩瓷具有色彩丰富、粉润柔和、晶莹明亮、五彩缤纷、美观雅致的特点，独树一帜，引人注目，是景德镇四大

名瓷之一。

粉彩罐由景德镇珍玉堂窑烧制，口径18厘米，高15厘米，底径11厘米。盖面绘有仙桃、石榴和佛手，这三样东西在一起被称为“三多福”，寓意吉祥。罐盖中间为一个硕大蜘蛛纽，寓意喜事连连，好运将至。粉彩瓷装饰非常广泛，既适用于高级陶瓷工艺品，也适用于一般日用瓷，既有实用价值又有欣赏价值。据不完全统计，粉彩瓷有数百个品种，逾千个花面，大过巨人，小不盈指。有天上飞的也有地上跑的，有抽象的也有具象的，技术之精，真乃巧夺天工。郭沫若先生曾赋诗称颂道：“贵逾珍宝明逾镜，画比荆关字比苏。”这就是最好的佐证。

这件作品是我20年前从南京东路精品陶瓷商厦四楼一家景德镇代销店购得的。它应该是仿清代粉彩罐，该器物直口，短颈，直肩，鼓腹，平底微内凹。粉彩，釉色鲜亮。肩上部饰铜钱纹，腹部是两幅对称的仕女图、婴戏和盆景花草图。比较清代众多的粉彩瓷器，会发现民间粉彩瓷画带有鲜明的民族特点，画面以人物、山水、成语故事等组成，尤以花鸟为多。

钧瓷笔架

2010年夏，南京东路陶瓷精品商厦四楼正在举办“河南省禹州市神垕镇”瓷艺展品。这件光彩夺目、大气稳重的山字笔架映入我的眼帘。它是来自河南的钧瓷。钧瓷，河南省禹州市特产，中国国家地理标志产品。

钧瓷始于唐，盛于宋，是中国古代五大名瓷之一，以其独特的釉料及烧成方法产生的窑变神奇而闻名于世。其杰出的工艺成就，是在科学配好胎、釉的基础上，烧成过程中合理控制火焰气氛的变化，利用氧化和还原气氛，由同样的釉料釉色而成为深浅不一的窑变色彩。钧瓷属北方青瓷系统。中国青瓷历史悠久，唐以前，青瓷一直是陶瓷生产的主流。钧瓷以其独特的自然窑变艺术有别于其他瓷种，窑变现象构成了钧瓷的特殊美感和艺术效果，具有很高的艺术魅力。它一问世，就受到世人的珍视，并进入名窑行列。钧瓷作为中国陶瓷艺术史上的一个重要符号，在世界陶瓷发展史上占有重要地位，自古就有“黄金有价钧无价”“家有万贯，不如钧瓷一片”之说。

本件作品长29厘米，宽6.3厘米，高13厘米。钧瓷艺术具有独特的民族风格和独树一帜的艺术特征，体现了中华民族的伟大气魄和瑰丽多姿的民族文化，故蜚声瓷林，名扬中外，虽历经坎坷而经久不衰。钧瓷的艺术美，是通过神奇的窑变工艺而获得的，它不同于人工的绘画雕刻艺术，具有特殊的古典美，使人感到瑰丽、丰富、神奇，给人以诗一般的陶醉和醇美的艺术享受。《中国陶瓷史》在评价钧瓷艺术成就时说：“宋代钧瓷创用铜的氧化物作为着色剂，在还原气氛下烧制成功的铜红釉，为中国陶瓷工艺、陶瓷美学，开辟了一个新的境界……这是一个了不起的伟大成就。”

旧藏圆形印泥缸

这两件旧藏花卉、人物圆形印泥缸，觅自上海友谊商店古玩柜。一款小的人物印泥缸直径6厘米，高3.6厘米。印缸周身绘有陡峭山崖，凌空石壁，怪石嶙峋，蜿蜒叠嶂，石隙间灌木丛生，草叶青苔点缀。盖面绘以达官贵人，稳坐品茶，闭目养神，案几盆栽花卉，器形规整优美，釉色晶莹，小巧甜雅，浑圆周正，煞是静谧宜人。另一款稍大的为花卉印泥缸，直径6.5厘米，高4.2厘米。周身绘有简洁明了的花卉，盖面绘以秀色可人、飘逸自如、芬芳优雅的兰花。

这两件印泥缸器形精巧雅致，画工精美，釉质莹润，是不可多得的文房精品。清宫旧藏门类中，以笔筒和砚台最为常见，印泥盒则极为稀少，可谓凤毛麟角，极为珍贵。

一次偶然闲逛，收到了这两件喜欢的小宝贝。东西虽小，但我估计它们的年龄要比我大得多，因为我是从大名鼎鼎的友谊商店五楼古玩柜觅来的，它每天要接待无数外宾，是上海对外的一扇窗口。

双龙耳圈足钧瓷香炉

此件双龙耳圈足钧瓷香炉，是多年前，在上海世贸商城一次茶博会上觅得的。此香炉为圆唇，敞口，矮颈内束，鼓腹，平底，口径 11.2 厘米，高 7.5 厘米，底径 8.3 厘米。

该香炉釉色莹彻，极其精致。口沿置对称两立耳，双耳做两条龙状，龙嘴咬着炉边口，形制规范典雅。足端露胎，近茶色，为典型的钧窑。釉质肥厚，酥光宝晕，有玉质感。釉下气泡颗粒且带冰裂纹，累叠麇集，由于烧成温度及入土过久等因素，釉色呈茶末色。釉面布满大小开片，形成金丝铁线。该器为难得一见的佳作。虽不崇尚花纹，素朴无饰，却以开片作为美化器表的手段，格外雅致。自然形成的纹片，纵横交织如网，层层叠叠，晶莹透亮，犹如冬天江河里的冰块碎裂，变化万千，纷杂无章。胎质坚硬、致密，胎色纯净，釉色透明、莹润。在茶釉的掩映下，相得益彰，饶有趣味。

中国香文化是华夏古老文明的一部分，始于远古，萌于先秦，初成于秦汉，鼎盛于宋元，广行明清。香炉是香道必备的器具，是中国传统民俗、宗教、祭祀活动中必不可少的供具。为了与之相配，我特意到城隍庙藏宝楼配了一个黑酸枝木底座。双龙耳圈足钧瓷香炉，更凸显其大而豁亮、大气典雅的风格了。

白鼠印泥缸

这件《白鼠印泥缸》，是我多年前在会稽路（西藏南路）地摊上觅来的，它算不上是老东西，但“岁数”应该也不小了吧，当时拿在手中仔细翻看，器形完整，没有任何损伤，模样十分可爱，于是掏钱收下了。

摆件长 9.5 厘米，宽 6.2 厘米，高 4.2 厘米。白老鼠呈蹲卧状，围着圆泥缸打转，似乎在寻找什么东西似的。

白鼠体长不超过 15.5 厘米，面部尖突，长有触须，耳耸立呈半圆形，眼大，鼻尖，尾长与体长相仿，尾部表皮下有横列的小鳞片，一般雄鼠大于雌鼠。晋葛洪《抱朴子·对俗》:“鼠寿三百岁，满百岁则色白，善凭人而卜，名曰仲，能知一年中吉凶及千里外事。”《宋书·符瑞志》:“ 永嘉元年五月，白鼠见东宫，皇太子获以献。”白鼠在传统文化中具有独特的含义。《抱朴子》中记载的这种白鼠可以占卜未来的吉凶，也可以知晓千里之外所发生的事情。古埃及人将鼠与月亮联系在一起，认为它们象征着大地富饶的资源、盎然的生机，并且司职计算人间的岁月。 又由于鼠敏锐的感觉，对环境的变化反应迅速，“鼠能预感灾难”一说在西方流传已久。古罗马人认为鼠能预见未来，以看见白鼠为吉，以鼠咬破衣物为厄运将至。 除了对鼠的自然崇拜以外，人们也深受鼠害之苦，其中鼠疫更是夺去了无数的生命。在希腊，鼠与太阳神阿波罗联系在一起。阿波罗是罗马人命名的太阳神，但是荷马却在《伊里亚特》中把他称作史鸣修斯 ，意为“鼠神”，以斥责他施放鼠疫之箭降灾给希腊人的行为。

《白鼠印泥缸》造型简洁，色彩古朴，形态逼真，煞是可爱，成了我非常喜欢的一件摆件，也成为我这个涉足收藏有些辰光的人，引以为豪的佐证。

钧瓷小香炉

该钧瓷小香炉,直径 10.7 厘米,高 8 厘米,器形腹形如鼓,下承三足。口沿、腹壁各弦纹一道；胎骨厚重，端庄古朴；通体罩施深红色浓釉，色泽厚润，外底涂褐色护胎釉。整体器物形制古朴而不失华美，犹如一朵绽放的玫瑰。

钧瓷因烧成制度的不同，釉色呈现出较大的变化。在日用瓷窑内搭烧，采用氧化焰气氛烧制的钧瓷，釉色多呈青、绿色，以天青、豆青、冬青、粉绿、瓜皮绿、麦芽绿、孔雀绿、铜绿居多，偶有红色调，但发色沉稳、暗浊，而在钧瓷窑内烧制的则色泽较为鲜艳。用风箱小炉（卢钧小窑），在还原焰气氛下烧制的钧瓷，呈天青、天蓝、海棠红、朱砂红、玫瑰红、玫瑰紫、葡萄紫等色，其精上制品，五彩灿烂，玉润晶莹，可与宋钧媲美。本品颜色深红，突显别致古雅。

三足香炉，是中国古代陶瓷中的传统造型，也是佛教、道教的圣物。香炉起源于何时尚未有定论，但其功用最初主要是生活起居时焚香，以修身养性，或祭祀先祖、神明。后来逐渐发展成为“香道”，进而流传日本、朝鲜等国。至佛教传入中国，香炉自然地成为供奉佛祖的重要器物。当然，道教信徒拜神明也用香炉，都做焚香之用。钧窑是我国宋代五大名窑之一，传世品极其稀少，被誉为“国之瑰宝”。

钧窑连体六管瓶

六管瓶的形式始于五代，流行于北宋时期河南钧瓷，多与祭祀用器相关，具有五谷仓之类的意涵。本品器形独特，长颈，溜肩，鼓腹，瓶身有六管对称装饰，此瓶造型规整，施釉均匀，釉色典雅。

该瓶高 17.5 厘米，口径 3.5 厘米，底径 6.3 厘米，大唇口，微内收，较短粗胫，宽肩，大圆腹，腹渐收，至足部直径约为腹部直径的二分之一，略像梨形，圈足，足墙宽厚，足际无釉。瓶肩分置六根空管，短粗、直口、管中空，但不与腹腔相通，其高度约在瓶口三分之二处。通体施肥厚釉，色赭泛微灰。釉不到底，圈足外墙露胎无釉。

钧窑，即钧台窑，是在柴窑和鲁山花瓷的基础上综合而成的一种独特风格，受道家思想深刻影响，在宋徽宗时期达到高峰，其工艺技术发挥到极致。无论是呈色和各种纹理的表现，都可以做到窑变可控随心所欲，其技术至今无人能仿造。窑变釉是一种艺术釉，变化多，色彩丰富，形态也复杂。它最初出现完全是偶然的。人们按一定的配方，制成某些釉料，施于制品入窑焙烧后，产生了出乎意料的颜色和形态，钧窑的釉色基调是青色，偶然在青色中出现或深或浅的红色或紫色来，而这种紫色，有时像云后迸射出的万道霞光，有时像万里晴空飘浮的彩云，变化无穷。人们对此现象无法解释，就称之为窑变。

钧窑的兴起和唐代鲁山花瓷的烧制成功与发展密切相关。花釉瓷是在黑釉、黄釉、天蓝釉或茶叶末釉上饰以天蓝或月白色斑点。斑点有的排列规整，有的随意点画。由于大多装饰在深色釉上，浅色的彩斑更显得清新典雅。唐代花釉瓷器的出现，为钧瓷的兴起奠定了良好的技术基础。经过晚唐和五代十国的发展，陶瓷工艺有了进一步提高，特别是到了北宋，民窑林立，各地窑口竞相争辉，五大名窑中的汝窑、官窑、钧窑皆在河南境内，其中钧瓷以窑变美妙的艺术，不仅受到民间的喜爱，更受宫廷的偏爱，并把钧窑垄断为官窑。到了北宋晚期，特意在钧瓷的故乡——禹州城北门里的钧台附近设窑，为宫廷烧造御用品，并且禁止所烧钧瓷在民间流传，以至于至今钧窑瓷器存世量少之又少。

浅绛山水、花鸟方印泥盒

因兴趣爱好，我休息天经常光顾友谊商店，这两件方形印泥盒就是在曹家渡友谊商店五楼古玩区觅得的。两款大小尺寸一样：长 8.8 厘米，宽 6.5 厘米，高 3.8 厘米。可能系一套，均书写“东壁图书府，西园翰墨林”的字样。

东壁，指天上二十八星宿“斗牛女虚危室壁”中的“东壁宿”。东壁主天下文章，图书府，就是藏书之所，为天下图书之秘府。西园，翰墨林，当指汉代上林苑，泛指皇家园林。古人形容藏书之多，常说“东观西园之富，名山秘阁之藏”。因此用天上的东壁和汉代的上林苑来比喻皇宫藏书之多。《文选》张协《杂诗•结宇穷冈曲》云：“游思竹素园，寄辞翰墨林。”因此也是指人才荟萃之所，后来演变成了翰林院。

这两件印泥盒，一款为山水画面：此印泥盒胎质洁白细腻，盒盖用小写意手法绘制典型浅绛山水。画面采用平远法构图，绘画层次丰富，近景古树森森，茂密青翠，树旁草屋内坐一高士，远山虚无缥缈。山坡下一座青瓦屋宇若隐若现，树荫森森，与右侧凉亭隔空谷互为映衬。画家笔墨洒脱老练，胸有成竹，意境深远，具有强烈的中国山水画风格，不愧是佳作。另一款为花鸟画面，枝繁叶茂，鲜花怒开，果实累累，画眉登枝欢叫，水墨晕染浓淡相宜，图景秀丽素雅，清气怡人，令人赞叹。

总之，两件浅绛方印泥盒，器形完整，画面诱人，风格迥异，浓淡虚实，层次丰富，变化精妙，直追笔墨。明末清初，江西景德镇出现了一股瓷画浅绛热。从文献得知，瓷画浅绛主要是借元代名画家黄公望绘山水的技法，以浓淡相间的黑色釉上彩料在白瓷器上绘制纹饰，再染淡赭和少许淡绿、淡蓝等彩料，经低温烧制成 (700℃左右)，使瓷器上的纹饰与绢、纸上浅绛画相似。特别是白瓷上的山水画低温烧成后，墨线浅淡，浓淡相宜，并配以淡绿、淡蓝及淡赭，因几种彩料极薄，已没粉彩的厚实粉质感，这种浅绛极具中国水墨画的效果。

石湾陶塑·鲁迅

这件陶塑还是我早年间,从人民路上的“葛德和”买来的。它高 23 厘米,长 18 厘米,宽 14 厘米。鲁迅呈坐姿,坐在一个藤椅上,右手握着一本书,左手的肘部放在椅靠上,手指间还夹着一根烟,左腿压在右腿上,颈部自然转向右前方。这既符合鲁迅常有的动作,又表现了鲁迅的性格。

鲁迅,浙江绍兴人,原名周树人,字豫才。他时常穿一件朴素的中式长衫,头发像刷子一样直竖着,浓密的胡须形成了一个隶书的“一”字。毛主席评价他是伟大的无产阶级文学家、思想家、革命家,是中国文化革命的主将。鲁迅被誉为“民族魂”。

鲁迅一生在文学创作、文学批评、思想研究、文学史研究、翻译、美术理论引进、基础科学介绍和古籍校勘与研究等多个领域做出了重大贡献。他对于五四运动以后中国社会的思想文化发展具有重大影响,蜚声世界文坛,尤其在韩国、日本思想文化领域有极其重要的地位和影响,被誉为“二十世纪东亚文化地图上占最大领土的作家”。

这位鲁迅先生着长衫,双手交叠,架腿而坐。没有紧锁的眉头,没有紧闭的嘴唇,神态松弛,做游目骋怀之状。整尊造像构思完整、布局合理,尽显鲁迅先生自信从容、硬朗坚毅的一面。

石湾陶艺·踏水车

这是多年前，我从石湾古镇觅来的陶艺《踏水车》，它长5.5厘米，宽8厘米，高7厘米。踏水车也叫“龙骨水车”，学名是“翻车”，主要由车轴、车槽、龙骨叶板的链条等部件构成。潮汕平原使用的水车有比较小型的手摇式和比较大型的脚踏式两种，缺乏《天工开物》里描述的用耕牛做动力的大型水车。在春耕季节，老远就能听到咿呀咿呀的声响，远望那广阔无垠的田野，就能看见两人一组的男子，双手挂靠在一根横木上，两脚不停地踩着，一看就知

道是在踏水车。

踏水车之前先要组装水车。水车的车槽一头浸在小河里，先调节高低后用竹竿固定，另一头靠在河岸边，用锄头修出过水通道，我们叫“车沟头”。链条通过下方的转轮和上方的车轴循环，用牛角栓接合拴住。车轴左右两边架在车椅子上，车椅子的中间有孔，可以竖立起两根竹竿，竹竿上绑固定一根横木，一架水车搭建基本完成。

车轴是动力的源头，一般要用硬木做成。车轴的中间位置是转轮，用来搭架叶板链条让它循环运动。车轴左右两边各安装两副用来踩踏的“车过肩”，车过肩构成“十”字形，相互之间的位置恰好相距90度，左脚踩低下去的时候，右脚恰好迎来另一个车过肩，循环反复，无穷无尽。车轴左右两边架在车椅子上边缘不到10厘米的位置，转动的时候，木头与木头相互摩擦，发出极其尖厉的声音。后来有了机械轴承，勉强安装在两头，减轻了摩擦力，但水车已经是夕阳物品了。

为了配合主题，我特意翻遍了家中收藏的奇石，最后发现了这方绿色呈菱形状的泥石。它形态极佳，起伏多变，走势流畅，长对角线为40.5厘米，短对角线为26厘米。带有明显的凹凸流水线槽纹理，酷似长满青草、遍布坡地的天然牧场，一幅宁静、安谧、美丽的田野风光画面呈现在我们面前。

水车主要用来灌田，在干旱年月就可以派上用场，有时为了抢种，时常夜以继日地工作，人可以三班倒，水车则连续工作。《石湾陶艺·踏水车》加上一方漂亮的绿泥石，成了绝配，成为一派动静相宜、物人相容、情景相合的美景，我称它为“幸福浇灌万顷田”。

唐三彩黑釉马

这对唐三彩马，我还是在外滩 23 号工作时，去“葛德和”觅来的。踏进门，店员小姐早已帮我选择推荐这对马，准确地说，它应称唐三彩黑釉马。

这对马，姿态不同，抬头马，高 20 厘米，长 21 厘米，宽 7.5 厘米，前蹄高抬呈嘶鸣状；低头马，高 17 厘米，长 21 厘米，宽 7.5 厘米，四蹄着地呈低俯状。两匹马一高一低、一动一静，相得益彰。唐三彩是洛阳唐代工匠在汉魏单色釉陶基础上创新发展起来的低温多彩釉新品种，釉彩有黄、绿、白、褐、蓝、黑等色，而以黄、绿、白三色为主，故习称唐三彩。因唐三彩最早、最多出土于洛阳，亦有“洛阳唐三彩”之称。其呈色机理是在色釉中加入不同的金属氧化物，经过焙烧，釉色在器表上互相浸润、自相映发，或原色或复色或兼色，故斑驳绚丽、丰腴莹润，呈现富丽堂皇的魅力。

这对唐三彩黑釉马“膘肥”雄浑，造型雄健有力，鞍鞯俱全，体态雄健，气势雄伟，色泽质感及姿势神态均取得了力与美的和谐统一。黑釉马极为少见，是很难寻觅的珍品。华丽的装饰与黑色相配更加醒目明快，处处透出一种内在、真实的美。完美的造型，高贵的气质，体现了泱泱大唐帝国的风范。

陶艺·黄瓜金龟子

《陶艺·黄瓜金龟子》，是我多年前专程赴陶都宜兴觅来的。它按照实物大小比例手工捏塑而成，色彩和形象如同实物一样，令人惊叹。

黄瓜自然弯曲，它长 28 厘米，宽 4.5 厘米，高 7 厘米（连座），瓜头弯曲还带着藤枝和瓜叶，瓜上还趴伏着一只栩栩如生的金龟子。

中国人一般把金龟子看成财富的象征，表示富甲一方。古埃及人将推粪金龟视为永恒的象征。而黄瓜在艺术品里意为飞黄腾达，黄瓜多子，所以摆放在此代表着多子多孙，子孙后代吉祥多福，事业有成。

宜兴手工紫砂陶技艺是指分布于江苏省宜兴市丁蜀镇的一种民间传统制陶技艺。此项工艺有着悠久的历史和很高的艺术成就，享誉世界艺林。它以其独特的原料材质、精湛的手工技艺、古朴的自然色泽和百态千姿的造型艺术，在工艺美术苑林中独树一帜，异彩纷呈，经久不衰。我曾经多次去宜兴，当然我是有选择地前往几处，除了著名的紫砂一厂、邱林陶艺馆外，更多的时间就花在丁蜀镇。一到那里，我就有使不完的劲，可以逛几个小时不觉累。《陶艺·黄瓜金龟子》正是从那里觅来的。

陶艺·辣椒甲壳虫

辣椒的寓意是根据它的颜色和形状来调整的。红色的辣椒给人一种喜庆并且热闹的感觉，象征着红红火火。将红色的辣椒串成一串，则象征着长寿。由于辣椒比较饱满、顺畅，也寓意着人们在生活中一帆风顺。甲壳虫取甲字，甲又有黄金甲之称，寓意护身避险。总之寓意健康美好。

这件《辣椒甲壳虫》，长 15 厘米，宽 4 厘米，高 7 厘米（连座）。是以生活中的食物为题材，通过简洁写意的造型，将"形"与"意"融为一体，通过富有寓意的组合形式，精心塑造出别具一格的外观形态，将火红的辣椒形象和精灵般的小甲壳虫相结合，以简约美的风貌展示在人们面前。该作品比例得当、规整匀称、光润挺括，又显得丰腴、成熟和饱满。

《陶艺·辣椒甲壳虫》摆件，造型稳重踏实，匀称和谐；结构布局协调，轮廓清晰；生活气息浓郁，神丰韵足；极具艺术欣赏功能，具有鲜明的个性艺术风格。这正是：简洁抽象富有神，品味清雅趣无穷。

陶笛

陶笛，世界乐器。中国陶笛，可追溯至陕西半坡遗址出土的陶哨，距今已有 6000 多年历史，是中国陶笛的鼻祖。

该陶笛，口径 1.5 厘米，胸径 7.5 厘米，高 11 厘米，器形呈竖状蛋形，有三个脚，陶身有八孔，上面绘有彩色“飞天”，整器古朴、典雅、大方。

制作陶笛的材料很多，有陶土、瓷泥、紫砂、塑胶、木材等。由于陶笛的制作材料不同，因此音色和属性也不完全相同。陶土熏烧的陶笛音色柔美，瓷泥烧制的陶笛声音清脆悦耳，紫砂烧制的陶笛声音清脆明快，黑陶的音色介于熏烧陶笛和瓷质陶笛之间。但这些烧制的陶笛有一个共同缺点：怕摔易碎。

陶笛名称的来历，有这样一种说法。意大利北部的小村有位面包师，经常用他的烤箱烧制低温陶制玩具和一些新奇的东西，有一次他烧制了一种上面有像脖子一样哨口的蛋形玩具，因为很像日常生活中常见的小鹅的形状，所以就起名为“ocarina”，意大利方言就是“小鹅”的意思。陶笛的英文名称“ocarina”就是从这里来的，音译为奥卡利那笛，该名称一直沿用至今。

陶笛音色优美，价格便宜，入门容易，它迷人的优点，吸引了越来越多来自五湖四海的爱好者。虽说陶笛简单易学，但陶笛初学者和陶笛演奏家之间存在着难以逾越的鸿沟，因为有许多乐理知识和陶笛技法需要系统地学习……

这件陶笛，我是赴甘肃参观莫高窟，晚上在热闹繁华、灯火通明的敦煌夜市上购来的，它的音色以及外表装饰，既带有远古的淳厚，又带有浓厚华丽的敦煌韵味。

影青釉陶瓷茶叶罐

影青釉，就是宋、元时期在南方生产的一种青白瓷。是汉族传统制瓷工艺中的珍品，是对宋代景德镇烧制的具有独特风格的瓷器的命名。由于它的釉色介于青白之间，青中带白、白中闪青，加之瓷胎极薄，所刻画的花纹迎光照之，内外皆可映见，因此被称为影青釉。

这对茶叶罐，是我多年前从上海世贸商城举办的茶叶博览会上觅来的。两只密封茶叶罐，罐高 13.5 厘米，口径 5 厘米。茶罐精选高岭土，全手工釉下彩烧制而成。釉下彩是生坯或经素烧坯胎或釉胎上饰纹加彩、罩釉，经 1340℃左右高温一次烧成，色料充分渗透于坯釉之中，色泽光润，耐酸碱，无铅毒，非常环保。但因高温烧成，适应的色料不多，颜色变化极难掌握。两只茶叶罐均为手工绘之。一只绘有带枝叶的荔枝鲜果，另一只是带枝叶的鲜桃，真是形象逼真，令人垂涎欲滴，赞叹不已。

景德镇素有“瓷都”之称，列三大古瓷都之首，历史悠久，文化底蕴深厚。其瓷器以“白如玉，明如镜，薄如纸，声如磬”的独特风格蜚声海内外。江西景德镇自汉朝开始烧制陶器，距今 1800 多年，自东晋开始烧制瓷器，距今 1600 多年，千年窑火不断。高岭土胎色白净，瓷胎耐火度高，从而使景德镇陶瓷成为硬质瓷的代表。高岭土的使用是我国乃至世界制瓷史上的一次重大革命。景德镇陶瓷的耐酸碱度、硬度远高于其他产地的陶瓷，正所谓有“景德镇陶瓷用不旧摔不坏”之说。

景德镇高超技艺、精湛工艺传承千年，1330℃纯窑炉火演绎了中国式的传承与永恒——陶瓷恒久远，一件永流传。中国乃至世界老中青艺术家皆云集于此，至精的技艺与最新的思想创造出新时代的陶瓷艺术品，引领着最前沿的陶瓷流行元素，为开拓景德镇陶瓷新文化而不断前行。

陶艺·青蛙辣椒

宜兴是我向往的旅游地,因为这里是陶的故乡。每次过去,都会满载而归。这件《陶艺·青蛙辣椒》便是从那里觅来的。

它长10.5厘米，宽5厘米，高4.5厘米。其实，青蛙和辣椒两样东西是富有深刻寓意的手工艺创作题材，历来成为艺人和工匠创作的主题。首先，青蛙善于捕捉害虫，因此它是农作物的保护神，象征吉祥的动物，是善良、美丽和浪漫的化身。而辣椒的寓意也很好。通常辣椒呈圆锥形或长圆形，整体好像一个勺子，尾部微微翘起，圆润又不失精巧。辣椒是日常生活中一种极为常见的食物，由于辣椒的“椒”与“交”谐音，因此艺术品辣椒还常常有交运发财、交福运、成好事等寓意。朋友之间互赠，有祈愿友谊天长地久、交情常在之意；恋人之间互赠，则暗含祈愿爱情长久、交心不渝之意。

一次偶然觅得的《陶艺·青蛙辣椒》，让我的陶艺收藏又增添了一份富有新意的藏品，令人回味无穷。

陶艺·树桩笔筒

树桩形陶艺笔筒，市面上很少见。这件作品我是从共和新路上海国际茶城三楼一家陶艺店觅得的。

全手工树桩笔筒，口径10厘米，高11.7厘米，底款：东全。东全，全名李东全，工艺美术大师，出生于宜兴。其作品博采众长，拓古创新，大多以竹树椿为题材，屡获大奖，为海内外陶艺收藏界所推崇。该陶艺构思巧妙，手法自然流畅，制作严谨规整，色泽古朴典雅。将大自然和人为的对树根的风吹日晒、雨侵虫蛀、电劈雷击、斧砍锯割等效果，通过艺术加工充分表现出来。

作品充分运用源于自然、高于自然的夸张手法，将树木的根、桩、杈、瘤、疤、疖等特征巧妙布局，以树根或树干为象形基础，经过精心构思，雕塑造型，让朽、蛀、刮、砍、锯、撅、撕、裂等瘢痕依稀可辨，加之清晰可见的年轮、古朴浑厚的色泽，使老树桩的自然形态跃然于作品之中，它多姿多态的造型，好似天然生就一般，可谓灵妙天然独具匠心，别有异趣。

陶艺·南瓜甲壳虫

这是一款来自日本的南瓜,其果型较小,而且形体漂亮,粉质度高,品质好,深受广大消费者欢迎。近几年在我国部分地区已有栽培。

该摆件，高 12 厘米，胸径 8.5 厘米，南瓜全身布满了大小不等的疙瘩。南瓜代表金窝、福窝，富贵的意思，叶子寓意事业，即事业有成；一只红色甲壳虫趴伏在瓜果上，甲壳虫取甲字，甲为天干首位，如甲子，有上等之意，寓意充满了美好的意愿。

日本南瓜品种多，形态可爱，所以日本有个名叫草间弥生的艺术家，她喜欢用南瓜来搞创作。她在书里写道，“南瓜太可爱了，它们大腹便便，又充满了生命力。南瓜是我的人生伴侣。我持续地创作着圆点，并将自己沉浸到圆点当中，自我完全消失了，这就是自我消融。”

《陶艺·南瓜甲壳虫》造型别致，形象生动，寓意深刻，不愧为一件难得的陶艺摆件。

陶艺·茄子蜗牛

这件《陶艺·茄子蜗牛》摆件，是我几年前从宜兴陶艺城觅来的。茄子有长寿的寓意；蜗牛象征着努力、积极向上、务实，不屈不挠，坚持不懈，一步一步往上爬是“蜗牛精神”。两者相结合，寓意健康长寿。

摆件长 10.5 厘米，宽 4.5 厘米，高 7.5 厘米。它构思简洁，布局合理，形象生动，工艺精湛。

佩戴茄子挂件的大多是中老年人，因为茄子是长寿的象征，表达了佩戴人对健康长寿的期盼。蜗牛在中国寓意着努力的精神。虽然它爬行得很慢，但绝对不会放弃。在很多歌曲中，蜗牛背负着重壳前行，也寓意着不屈不挠、锲而不舍的精神。

《陶艺·茄子蜗牛》摆件，有一种含蓄的灵气之美，更多的是内心愿望的一种表达。将它作为礼物赠送给亲友，会是非常不错的选择。

外销瓷 • 小鸟烟缸

外销瓷，顾名思义是指专门销往国外的瓷器。据史料记载，中国的瓷器外销最晚开始于唐代，是作为当时的特产，跟随着其他物品一起送往国外的。在今天的朝鲜、马来西亚、印度甚至非洲一些国家，都出土过中国唐代、五代时期的陶瓷。

该《小鸟烟缸》，是我从金陵东路友谊商店觅来的。它长 13.5 厘米，宽 13 厘米，高 7 厘米。一只可爱的小鸟，站在一片周围卷起的树叶上，应该是梧桐树叶吧。瓷器底部全用英语，最后落款是“MADE IN CHINA”。懂行的人一看便知，这是外销瓷。

考古发掘证明，中国陶瓷外销始于唐代，当时是作为特产随丝绸输往国外的。到了宋代和元代时期，随着航海业的发展以及海外贸易的进一步加强，中国瓷器的外销呈现出更加繁荣的局面。到了明清时期，我国的瓷器对外贸易也进入一个新的阶段。永乐、宣德时期郑和七次下西洋，进一步促进了海上对外贸易的发展，外销瓷器不但开始大量输出到亚洲、非洲，从明晚期开始还逐渐销往欧洲一些国家。19世纪上半叶以后，随着欧洲瓷器的发展和日本瓷器的崛起，以及清政府的腐败与社会动乱，尤其在鸦片战争之后，中国瓷业趋于衰落，瓷器外销亦锐减。陶瓷贸易的主要线路，一是沿着著名的丝绸之路，从陆路销往中亚细亚、波斯乃至地中海沿岸地区，另一条自广州绕马来半岛，经印度洋到达波斯湾，远到地中海及非洲的埃及，被称为“海上陶瓷之路”。在过去的千余年里，中国陶瓷通过各种渠道输往亚洲、非洲、欧洲、美洲和大洋洲的许多地区，对这些地区的物质文化发展和社会生活产生了重大影响，具有不可磨灭的贡献。

瓷器只是中国和西方商品贸易中的一种，其数量和收益很难与茶叶相比，但却被研究得最多，因其耐用持久，能保存到现在，引起史学家和艺术品市场的关注。当然还因为瓷器美观而别具魅力，凡有瓷器从沉船中打捞上来，即使是一个茶壶或瓷盘，也因其曾深藏海底数个世纪而引起人们的莫大兴趣。

雅致瓷偶·印度小情侣

2008年春，在上海久光百货公司的雅致（Lladro）瓷偶旗舰店，我觅得了这款心爱的《印度小情侣》摆件。以典雅风格闻名于世的雅致瓷偶，诞生于西班牙地中海沿岸的瓦伦西亚。出身简朴农家的三兄弟经过长期的实践摸索，探寻出自己的风格及形象，最终塑造出完美且独具一格的雅致瓷偶。

该作品长21.5厘米，宽12.5厘米，高23.5厘米。主题为亚洲象背上骑着一对小情侣。

亚洲象又称印度象、大象，属于长鼻目、象科。是亚洲现存的最大陆生动物。印度教中有大象崇拜，无论是宗教场合还是其他场合，都喜欢摆放象头神的物件。印度象头神是印度神话和民间百姓中知名度最高、最受崇拜的智慧、财富之神，人们在结婚、出远门、奠基仪式之前、朝圣前都会敬拜犍尼萨，以求破除障碍、一帆风顺，相信犍尼萨会给他们带来成功和幸福。

雅致瓷偶早已获得了世界各地博物馆以及艺术文化机构的认可：除了西班牙本国之外，它早已被俄罗斯、意大利、比利时等国的艺术博物馆归列为永久收藏品之一。雅致瓷偶生动活泼的艺术风格，长久以来一直深受全世界的喜爱。在雅致瓷偶的作品中，能轻而易举地感受到幸福和生命的喜悦。

宜兴三宝

上了年纪的人，可能都晓得宜兴有三大宝：茶壶、砂锅和夜壶。20 世纪五六十年代，宜兴丁蜀镇陶瓷商品到处可见，或遍布在街道两边的商铺，或散落堆积在各处空地，真像个露天的陶博物馆。其中名气最响的要数茶壶、砂锅和夜壶这“宜兴三宝”。

最有名的，应是紫砂壶了。它是一种泡茶和斟茶用的带嘴器皿，由壶盖、壶身、壶底、圈足四部分组成，壶盖有孔、纽、座、盖等细部。壶身有口、延（唇墙）、嘴、流、腹、肩、把（柄）等部分。其造型繁多，竟达数百种。它是中国特有的工艺品，其制作始于明朝正德年间，原料为紫砂泥。据说创始人是明朝的供春。因为有了艺术性和实用性的完美结合，紫砂壶尤为珍贵，令人回味无穷。再加上紫砂壶泡茶的好处，茶禅一味的文化，又增加了紫砂高贵

不俗的雅韵。在拍卖市场，名家大师的作品往往一壶难求，正所谓“人间珠宝何足取，宜兴紫砂最要得”。紫砂壶成为举世公认的质地最好的茶具。

其次，要数砂锅了。它是一种炊具。传统砂锅是由不易传热的石英、长石、黏土等原料组合，经高温烧制而成，具有通气性、吸附性、传热均匀、散热慢等特点。传说是尧帝发明了砂锅，已有几千年历史。考古发现，早在新石器时期，人们就开始使用夹砂陶（类似于砂锅）。砂锅能均衡而持久地把外界热能传递到锅内，相对平衡的环境温度，有利于水分子与食物的相互渗透，而且时间越长，鲜香成分溢出得越多，煨出的汤滋味就越鲜醇，食物越酥烂。一般砂锅在关火 5 到 10 分钟后，锅内食物还能保持接近沸腾的热度。砂锅炖食品别有风味，因此它深受消费者的喜爱。过去，凡去宜兴的人，必定带回几只砂锅，逢年过节，家家都会用它来烧红烧肉、炖鱼头汤等。现在如有机会到古镇七宝，进门不远，就有一家著名的用砂锅炖鱼头汤的店，人声鼎沸，相当热闹。

第三宝要数颇有名气的“宜兴夜壶”。夜壶，也就是尿壶，因在夜里使用，便文雅地称为夜壶了。江南的夜壶大多以陶加釉烧制而成，颜色或绿或黄或绛红，家家户户都有。夜壶是时代的产物，到了“鼎盛”期，床边开始有床头柜了，那时都叫“夜壶箱”。现在的年轻人，很多没见过夜壶，只知道宜兴的紫砂茶壶很有名，而不知道“宜兴夜壶”也是很有知名度的。钱钟书先生在《管锥编》中谈到江南几座城市的诨号时就说：“近世吾乡惠山泥人有盛名，吾乡语称土偶为‘磨磨头’，而自道曰‘倷伲’，故江南旧噱，呼无锡人为‘烂泥磨磨’，亦犹苏州人诨名‘空头’、常熟人诨名‘汤罐’、宜兴人诨名‘夜壶’。”在吴中一带，关于“宜兴夜壶”，尤其是它那特殊的壶口造型的老话、谚语也很多，足见其名声之大，比如“宜兴夜壶，独出一张嘴”“宜兴夜壶，臭只嘴巴”……陶制的夜壶已少之又少，还在做夜壶的手艺人也是屈指可数了，而今很少能看到夜壶了。

陶艺·竹根笔筒

多年前，我从闸北公园附近的国际茶业城四楼一家卖茶叶和陶艺茶宠店收下了这件《陶艺·竹根笔筒》。

笔筒高 8 厘米，直径 9.5 厘米。落款为“心陶”。这是宜兴一家陶艺工作室，专门生产陶艺产品，其开发的产品多为各式仿真紫砂雕塑和仿真枯木工艺品。此件作品应属仿生笔筒，它以毛竹为形象，刻有竹节和竹叶，竹节上还摆着一颗长生果，寓意发财高升。

明清时期，盛行竹雕笔筒，其风格浑厚古朴，构图自然流畅，雕刻技艺精湛。竹雕早期通常是将宫室、人物、山水、花鸟等纹饰刻在器物之上，但存世的竹雕制品很少。

《陶艺·竹根笔筒》，制作精良，美观大方，其实它还适合摆放名片，我的书桌上又增添了一个富有生气又实用的文具。

石湾陶艺·小憩

石湾陶艺历经千年的锤炼，发展成为中国陶瓷百花园中的一朵奇葩，至今仍深受人们喜爱，个中原因，首先得益于石湾艺人们的锐意创新、主动对市场的把握，以及在实践中不断磨炼与提高自己的技艺。石湾陶艺是民窑生产，制作方式不受约束，构思上不拘一格，题材广泛，具有浓厚的乡土生活气息，它以老石湾喜闻乐见的形式出现，更贴近普通民众的生活，具有较强的人文性。

作品《小憩》，长 9 厘米，宽 8 厘米，高 11 厘米。它塑造了一个农民老汉，肩披着一件外套，在田间干活累了，正在小憩一下。他右手托着一个大碗，正喝着大碗茶，左手捂着一顶草帽。记得多年前去南平县出差，我抽空赴一家根艺品厂遛了一圈，在那里发现了一件尚未完工的根艺造型小品，应属半成品，我非常喜欢，坚持收下了它，以后一直摆放在我的玻璃柜里。这次我取出来，同石湾陶艺两者结合，相当完美，酷似大爷坐在田间的老树桩上休息，巧妙搭配，真是天衣无缝。

段泥·茶缘四方壶

《段泥·茶缘四方壶》作者施小马，男，1954 年生于宜兴，2003 年被评为高级工艺美术师，江苏省陶瓷艺术大师，被誉为“紫砂四小龙”之一（其父施福生是紫砂厂制壶名艺人），擅制方器，是一代方器高手，荣获“中国紫砂名人”称号。

施小马对各种造型均有涉猎。最后，他选择了与自己性格相似的方器。不知是性格成就了施小马成为方器高手，还是方器适合了他，总之，有点器如其人的特征：刚正不阿、棱角分明、无拖泥带水。此壶壶身上窄下宽，收底，重心下沉，身线微鼓，方中带圆；壶身分别刻有篆体、隶书两种，线条流畅，气韵生动。嵌入式方盖微拱，盖面上对角起四条筋线，与壶身四棱相连，贯

穿全身，线条硬朗挺拔，壶底四足鼎立装饰，气韵饱满。容量为 200 毫升。

施小马制壶感觉极其敏锐，每一把壶都是在用心灵与紫泥的对话中感悟出来的。他的作品不但传承宜兴紫砂壶历史底蕴之美，而且能把这种美表现得淋漓尽致。作品多次在中国台湾、中国香港等地区和丹麦、马来西亚等国家展出，并多次获得省级、国家级陶瓷专业设计评比大奖。就连当今把玩紫砂壶的高手都对施小马的作品推崇有加，因此他被海内外收藏家赞誉为“壶界四小龙”之一。

施小马行事低调且从不张扬自己。他朴实无华，有的则是独立的品格和精神。在目前宜兴制砂行业中，施小马是制壶界最具典型意义的实力派人物。

绿泥铜把太极捆竹壶

绿泥铜把太极捆竹壶俗称本山绿泥一把壶，一捆竹，简称“捆竹壶”。正如其名，这就是简单的一捆竹子的造壶艺术。

该壶由原宜兴紫砂二厂老工艺师董开升制作，口径 6.2 厘米，直径 10 厘米，高 9.5 厘米，容量 280 毫升。壶身以 64 根长竹段依次围成，做筒状；腰间束带以圆竹装饰；接近壶底处，另缀索状纹一道做箍；壶底有四足，每个足都是由腹部伸出的 6 根竹子结成，实为 4 组，每组 8 根，上下一体，巧夺天工；观其壶盖，别具匠心，运用中国传统易经文化，以八卦盖之，盖纽成太极图，刚柔并具;壶嘴弯曲，竹节弯曲成形，呈龙腾之势;壶把为铜制提把，浑然天成。

静观历史名家，从古至今，能出此壶者实属稀少。因其制作工艺和技法上有极高的挑战，耗时耗工耗力，故此，历史存留下来的屈指可数。

其实，董开升这把壶应该是仿制，并且在前人基础上有所创新，例如壶把，董采用铜制提把。董开升是一位紫砂制作工艺极为扎实精湛的老工艺师，1958 年即进宜兴紫砂厂从事紫砂制作，有五十多年陶艺制作生涯。他的壶市场销路不错，评价很高，制作精致，雅趣盎然。《绿泥铜把太极捆竹壶》颇具匠心。此壶将中国传统文化和文人墨客喜爱的竹相结合，体现出淡泊的精神追求，可谓“神作”。

紫砂•卧虎壶

杨秀芬，中国当代陶艺名家、工艺美术师、江苏工艺美术学会会员、国家级工艺美术师。1965 年生于宜兴蜀山南街杨氏制陶世家，师从杨勤芬老师。作品以写实手法为主，展现独特创意，富有时代气息，深得中外收藏家们的喜爱。

杨秀芬作品获奖无数。2003 年应上海解放日报之邀创作的多把“百岁巴金”壶分别由北京现代文学馆、上海市作家协会、成都巴金纪念馆永久收藏。

《紫砂•卧虎壶》，全手工制作，容量约 220 毫升。整体呈长方、梯形（下大上小），虎纽长形盖，密封性好，开启方便；正面以粗犷的笔墨，繁体书写了“达观”二字，意旨畅通、豁达，心胸开朗，见解通达；反面以写意手法绘画，使山鸡和麻雀生动活泼，呼之欲出。线条匀称，品相大气，使这把素雅的紫砂壶立显高贵华丽、隽永大气、端庄稳重。

紫泥·富贵满堂壶

此壶为原矿段泥作胎，泥色古朴似土，壶身造型柔婉浑厚，饱满的外形，尽显委婉大气、古朴典雅。

截盖设计别致，严丝合缝的工艺，盖上中间横卧着一只虎，壶盖启开时无丝毫波动，密封性极佳，壶纽、壶嘴及壶把皆以圆弧形态线条构成；壶面正面刻有“富贵满堂”四字，反面刻有我和妻子的姓名及“夫妇五十诞庆纪念”；壶底是围着一圈的“回纹”图，又称回字纹。因它是由横竖短线折绕组成的方形回环状花纹，形如“回”字，所以称作回纹。这种纹饰意义深厚，被民间称为富贵不断头的纹样，是古代常用纹样。壶的容量为300毫升。总之，一壶在手，昂然自得，壶身造型柔婉浑厚、饱满，蕴含着丰富的含义，壶盖及壶身显得雍容华贵，象征着富贵和福气，尽显自然之美。

这一对壶（外形一致，图文不同），是我亲戚——姚雷雨叔叔（志愿军老干部），原浙江省长兴县干部，与我父母熟悉——为祝贺我和妻子50岁生日，特意委托宜兴大师专门定制的。该对壶选用上等紫泥，器形原创，工艺精湛，融合了多种工艺文化，具有一定的收藏价值。

这把壶跟着我已经二十多年了，而姚叔叔已在多年前离我们远去。每当见到这把壶，总让我们热泪盈眶。姚叔叔对我们太好了，我父亲是大平板汽车司机，经常跑外地，每当途经长兴总要下车停留一下看望他，父亲喜欢喝茶，姚叔叔每年总会及时送来新鲜的安吉白茶。我爱人几次出差到长兴办事，姚叔叔总是千方百计热情帮助解决困难。

富貴滿

紫泥 • 井栏壶

井栏壶是传统款式之一，多一弯嘴出流，曲直微妙。把圈多现大弧形，外扁平里多圆润，刚劲挺拔，稳健有力。底圈而大，丰亭饱满，此壶式为较早的流线型设计，一改当时烦琐、守旧、题材狭窄贫乏的局面，以其简洁、明快、新颖的壶式博得当时文士的青睐。多少年来历经时间考验，终成紫砂壶式中的传统。后来之匠在师从井栏之中汲取了不少灵感 。

井栏壶的发明有这样一段故事。清嘉庆年间的某一日，制壶知己杨彭年来访，江苏溧阳知县陈曼生设席庭院，以紫砂壶为题，相互交流心得。彭年问近日可有新思，曼生摇头道:“近日公务繁忙，未曾拾得！”彭年曰:“勿躁！万物皆可成壶！”曼生曰:“但求精！”二人相饮甚欢。庭院之南，有一深井，恰有一丫环于井边取水，栏高水深，丫环取水，腰身弯得有如一只彩虾，二人见状相视而笑。曼生紧盯井栏与汲水丫环，慢慢地丫环化为一只优美的壶把，井栏化作壶身。他当即在石桌上描绘开来，数遍而终成一壶。曼生曰 :“此壶天成，唯曰井栏。”二人相视大笑。从此，井栏壶应运而生了。

到如今，井栏壶已是紫砂壶传统款式之一。井栏壶大致可分为高井栏、低井栏和方井栏。它们只是在细节如纽、流、把、盖上有着细微变化，整体形式上没有很大变化。井栏壶是以石井栏为造型基础，借鉴了井栏刻字之美而成为壶铭之美，样式古朴而文辞优雅。紫砂工艺师按照井栏的轮廓制作成了井栏壶，井栏壶方中有圆、圆中有方，壶形简约美观，流畅大气，深受人们的喜爱。

井栏壶寓意:深井有如文山书海，知识有如井水，取之不竭。它告诫世人:学识有如人生必备之水，唯不停汲取，才能修身养性，颐养天年。《紫泥 • 井栏壶》，是我非常喜爱的、引以为豪的一把好壶。

紫砂·春晓壶

折肩圆方壶，顾名思义，肩部平缓过渡，腹部呈圆鼓状。这款折肩圆方壶，选用上等黄龙山原矿紫泥，半手工制作。俯视观察似圆方形，边角折圆，壶身略微上窄下宽，显稳重感。壶盖为压盖设计，均匀平整，两个角度可以对换放置，严丝合缝。壶纽为旋纽，外方内圆，壶嘴壶把皆为四方。从细节上看，方圆兼备，设计巧妙。

此壶极为实用，壶把和壶纽拿捏舒适，大小恰到好处，兼顾美观和实用性，出水如注，在方壶中绝对算是数一数二。此折肩圆方紫砂壶容量约240毫升，适合两三人品茶，适用度广，如果你喜欢方壶又对方壶的出水有所顾忌，那这款折肩壶应该是一个不错的选择。壶正面以隶书刻有唐朝诗人孟浩然隐居在鹿门山时所写《春晓》诗句 :“春眠不觉晓，处处闻啼鸟。夜来风雨声，花落知多少。”意境十分优美。诗人抓住春天的早晨刚刚醒来时的一瞬间展开描写和联想，生动地表达了诗人对春天的热爱和怜惜之情。一副令人浮想联翩的“捕捉典型的春天气息，表达自己喜爱春天和怜惜春光的情感”的春晓景象跃入眼帘。反面，刻以瘦石和兰花草，画面线条流畅，简洁明了，清晰质朴，让人回味无穷。

这把壶构思、设计、布局都非常完美，无论是壶的造型或是壶身诗词、画面都非常生动、优雅，特别是这首诗，除了语言明白晓畅、朗朗上口之外，还在于它贴近生活，情景交融，意味隽永。

杂项

原野

收藏拾贝

野原
收藏拾贝

八骏宝瓶

这件传世精品《八骏宝瓶》，由中国工艺美术大师张心一原创精心设计。“八骏宝瓶”是甲午年推出的马年贺岁系列礼品之一。除此之外，还有“马拉车”“马上富贵”“马运亨通”等系列属相礼品摆件，它经典时尚、因时而生，是老凤祥银楼为消费者精心打造的，无论收藏纪念或馈赠亲朋，都是绝佳的选择。

整件作品的器形取自商代的铜壶造型，口径 3.8 厘米，胸径 6.5 厘米，高 10.5 厘米，配以马首为耳，以及兽面纹为蓝本，瓶身镶有瓷器八骏图案，八匹姿态各异、刚健的骏马驰骋在辽阔的大草原上，象征着勇往直前、催人奋进，寓意着马到成功、事业有成、永葆平安！

老凤祥的创新服务历来有口皆碑。此件作品工艺上在采用亮金与沙金相结合表面处理的同时，又运用了金镶瓷的新技术，使得整件工艺品更能体现出精美、细腻、华丽、古韵的装饰风格，更具有收藏价值。老凤祥是上市公司、中国 500 强企业，是百年民族品牌和中国著名的珠宝首饰品牌。她从创始于 1848 年的老凤祥银楼发展沿革而来，其商标“老凤祥”的创意，也源于老凤祥银楼的字号，是跨越了中国三个世纪的经典珠宝品牌。她已走过了 170 多个春秋，是中国首饰业的世纪品牌。

布老虎

春节前夕，喜欢收藏的我，专程在城隍庙沿街的喜铺店收了这只可爱的布老虎。

布老虎，长 20 厘米，高 13.5 厘米，宽 13.5 厘米，主色调为红黄两色，上红下黄，是我国北方传统文化中喜庆和吉祥的颜色，造型非常大气。头部：虎头虎脑，虎头几乎与虎身般粗，宽大的嘴，洁白锋利的牙齿，嘴角微微上扬，呈龇牙咧嘴状，借以表达老虎的威猛；眼部：虎视眈眈，圆凸、黑白相间的球状眼睛，怒目圆睁；形体：虎虎生威，脑门上醒目的“王”字，圆鼓的身子，直竖的耳朵，弯曲上翘的尾巴，粗短的腿和猫相差无几。大幅度地收缩了老虎体型，形态上运用了夸张变形、重在寄情寓意的手法，以头大、眼大、嘴大、身小来表现老虎勇猛威武的神态，凸显“不肖形似，而求神似”的艺术风格，使兽王变得憨态可掬，达到怡情寄趣的目的。

布老虎起源于虎图腾崇拜，最早存在于伏羲时期。著名民族学家刘尧汉在《中国文明源头新探》一书中讲道：“伏羲本为虎图腾，秦汉以后有史学家以龙为真命天子的思想。”由此可见虎图腾源自伏羲并早于龙图腾。它之所以成为布制玩具代表，是与中国民间风俗有着极为密切关系，最早可以追溯到上古时期。我国古代对虎的形象体现在军事上，如调兵遣将的兵符上面就用黄金刻上一只老虎，称为虎符。故宫博物院珍藏着一只清朝布老虎，长 36 厘米，宽 16 厘米，高 20.6 厘米，尾长 42 厘米。

正因如此，布老虎是中国民间的传统工艺品，它品种繁多，流传广泛，是一种极具乡土气息的民间工艺品。主要产地集中在山东、河南、山西、陕西四省。在山东省 17 市均有流传，虽然版本不同，但是比较统一的认识是：虎是百兽之王，是坚强、勇敢的象征。人们还认为虎食五毒，在端午节时也有送布老虎的习俗，表达了人们驱邪、祛病和祈福的愿望。老虎被祖先视为神兽，在民间方言中，“虎”与“福”谐音，有赐福、镇宅、生财等文化内涵。因此，布老虎顺理成章地成为中国传统的手工艺玩具，所以当孩子出生时赠

送布老虎就寄予了希望孩子健康成长的美好愿望。乃至在当代中国，还有儿童戴虎头帽、穿虎头鞋，用以驱邪的习俗。

天仪再始，岁律更新。不忘初心，方得始终。时间飞快，一个轮回十二年已过去了。2022年又是虎年，中国是一个有着五千多年历史底蕴的古老文明国家，文化博大精深、精彩纷呈，作为一名收藏者，我认为收藏也是一种爱国的具体表现。喜欢收藏的我，素笺一叠、笔耕不辍，不断地在海派收藏这片热土中默默耕耘。

老牛奋蹄勤耕耘，金虎聚力新征程。我要以牛的勤奋精神，以虎的勇猛品质，俯首耕耘，发奋努力，珍惜时光，全力以赴，用奋斗书写寅虎年的新篇章！

北欧丹麦风情壶

丹麦是北欧国家，其艺术设计特色，起源于斯堪的纳维亚地区的风格，具有简约、自然、人性化的特点。

这组铜壶是前几年我从上海会展中心古典家具展会上觅得的。在丹麦，到处都能感受到安徒生美丽童话的氛围和景观，它的艺术品也蕴含了浓郁的民族风格，同样，丹麦风情铜壶也具有这一风格。

北欧离欧洲中心国家较远，有着自己独特的气候和传统。在历史上，北欧设计很少受到关注，直到 19 世纪末，北欧设计受到英国工艺美术运动和新艺术运动的影响，逐渐参与到各种设计运动中。20 世纪 20 年代，以为大众服务的主旨决定的北欧风格设计风靡世界。功能主义在1930年的斯德哥尔摩博览会上大放异彩，标志着其突破了斯堪的纳维亚地区，与世界接轨。北欧风格将德国崇尚实用功能的理念与其本土的传统工艺相结合，富有人情味的设计使得它享誉世界。其典型特征是崇尚自然，尊重传统工艺技术。

20世纪中期，北欧经济的迅速发展使得北欧人拥有高福利制度，但北欧人依然重视产品的实用性，简单自然的审美观依旧传承。北欧的住宅文化和设计理念深受这种审美观的影响，重在对自然的表现，但不同的田园有不同的自然，进而也衍生出多种设计风格，各有各的特色，各有各的美丽。在营造天人合一的自然氛围里，北欧人似乎有着不可替代的天赋。永远是材质的精挑细选，工艺的至纯至真。

北欧设计以简约著称，具有很浓的后现代主义特色，注重流畅的线条设计，代表了一种时尚，回归自然，反映出现代都市人进入新时代的某种取向与旋律。《北欧丹麦风情壶》闪烁着自然灵感，彰显了北欧人崇尚自然、淳朴的民族个性。

仿制日本铁壶

铁壶，又称铁瓶，是用来煎茶煮水的器皿。它以生铁为原料，用传统铸造工艺以及后期的手工打磨而成形，兼具养生、观赏和收藏价值。铁壶最早可追溯至江户时期，距今已有数百年历史。茶道从中国传入日本后，成为日本的时尚。到了江户时代，茶友们将“茶釜”加上注水口和把手用来泡茶，铁壶随之诞生。

这对铁壶是我从光大会展中心举办的古玩收藏品展销会上购得的，其实，它是浙江一家生产厂商仿制生产的。口径 3.3 厘米，胸径 6.5 厘米，底径 3.5 厘米。

日本铁壶的历史不长，短到仅有两百多年，而且它"出生"并且"成长"在日本最动荡的时期，历经沧桑。大约 1800 年，煎茶在日本富人中逐渐流行起来，并在煎茶过程中开始使用铁壶。此时的铁壶修饰简单，制作工艺并无特殊之处，并没引起富人的特别注意，他们只当铁壶是个普通的煮水物。后来一个名叫四方安之助的人改变了这种观念。四方安之助借用父亲的名字建立了工作室，名为龙文堂，他敏锐地察觉到喜欢煎茶的人的需求，于是用失蜡法制作出带有浮雕图案的铁壶。果不其然，这带有浮雕图案的铁壶深得顾客的欢心。于是四方安之助以奇制胜，龙文堂名声在外，日本铁壶也因此迎来了第一个发展高峰，奠定了铁壶在上层社会茶事中的地位。在龙文堂的影响下，日本相继出现了龟文堂、秦六藏、金寿堂等堂号和名人，他们与龙文堂分庭抗礼，制作的铁壶在某些方面一度超越龙文堂，使铁壶的制作工艺与艺术审美有了极大的发扬。这一时期，百堂争鸣，名家与精品迭出，称得上是铁壶史上的盛世。并且在这期间，通过众多的国际博览会让世界认识了日本铁壶，也令日本手工艺展示在世界面前。

日本人为何喜爱用铸铁壶冲煮茶水？实验证实，质地纯净的铁壶加热后会释放二价铁离子，在饮用时被人体吸收，有助于身体健康。日本的长寿村中，有使用铁壶的习惯。

自制小盆景　寻觅小欢乐

《城隍庙九曲桥小景》（上海树脂摆件）

《晨曦》（新疆风凌石、上海石刻）

小盆景是一门简单而没有多高门槛，集美术和观赏为一体的综合艺术。闲在家中无事，喜欢收藏、玩弄艺术的我，于是便想起制作盆景了。利用胡萝卜头制作的水盆景非常惹人喜爱，加上我是个收藏爱好者，家中现存的各种摆件应有尽有，于是自然产生了制作小盆景的念头。

制作盆景我并不是内行，但去年受居家照顾母亲的阿姨启发，利用胡萝卜头部，变废为宝，在水碟中长出了嫩绿的萝卜缨，似花草，又似翠竹，煞是美丽、漂亮，

《阳朔小景》（广西幽兰石、石湾公仔）

《苗寨春景》（山西绛州澄泥石、石湾公仔）

《雨中情》（广东英石、广西幽兰石、石湾公仔和上海石刻）

《河畔人家》（石湾公仔、上海石刻）

《竹林七贤》（新疆风凌石、石湾公仔）

既不花钱，又不费工夫，真是富有诗意的盆景。况且今年的胡萝卜特别多，长势又良好，几乎家家配发的蔬菜中都有它的身影。

胡萝卜缨花草盆景同样具有较高的观赏价值，那么如何制作呢？其实很简单，只需要挑选好胡萝卜、选择好适当的器皿，一盆胡萝卜盆景就很容易制成。具体的过程如下。

首先是挑选胡萝卜。要想胡萝卜盆景长势好，胡萝卜的选择很关键，要选择新鲜且带有芽点的胡萝卜。为容易栽培，要把胡萝卜头切掉，高度 1~2

厘米就可以了（过长影响美观），但过薄也不行，因后期长叶子的营养主要来自留下的这部分胡萝卜。

其次是挑选合适的器皿。其实不管什么器皿都可以制成胡萝卜盆景，但为了更具有观赏性，建议选择白色或浅色，高度低、浅，相对美观的碟、盘、盆等。

第三，将胡萝卜放到器皿里后，倒入高度为 0.5~1 厘米的水，然后放置在有光处就可以了。切记不要放在太阳下晒，3 天左右就可以看到明显变化。平时每天要更换新水，不然容易导致胡萝卜腐烂。

第四，待成形后，可挑选假山、房舍、贝壳等微型配饰组合相应附上。

这次疫情防控期间，我试种了几盆，供诸位“高手”“壶盆好友”和爱好者分享。这真是“废弃萝卜缨，制作小盆景；咫尺小天地，赏析山水情”。

《滇边风光》（石湾公仔、上海石刻）

《蕉荫对弈》（石湾公仔）

琉璃·鼎

这件靓丽挺拔的琉璃鼎，高 15 厘米，口径 10 厘米，胸径 11 厘米，底径 9 厘米。它被置于门厅的装饰墙上，富有神圣尊贵的意思。

琉璃，亦作“瑠璃”，是指用各种颜色的人造水晶（含 24% 的二氧化铅）为原料，采用古代青铜脱蜡铸造法高温脱蜡而成的装饰品。流云漓彩、美轮美奂，晶莹剔透、光彩夺目。

琉璃被誉为中国五大名器之首（琉璃、金银、玉翠、陶瓷、青铜），佛家七宝之一。中国古代制造琉璃的历史，可以追溯到西周时期，最初制作琉璃的材料，是从青铜器铸造时产生的副产品中获得的，经过提炼加工，然后制成琉璃。琉璃的色彩多样，古人也叫它“五色石”。到了汉代，琉璃制作水平已相当成熟，但是冶炼技术却掌握在皇室贵族手中，民间很难得到，所以当时人们把琉璃看得比玉器还要珍贵。

鼎是我国青铜文化的代表。鼎在古代被视为立国重器，是国家和权力的象征。直到现在，中国人仍然有鼎崇拜的意识，“鼎”字也被赋予“显赫”“尊贵”“盛大”等引申意义，如一言九鼎、大名鼎鼎、鼎盛时期、鼎力相助等。鼎又是旌功记绩的礼器。古代的国君或王公大臣在重大庆典或接受赏赐时都要铸鼎，以旌表功绩，记载盛况。

这款琉璃摆件，是我多年前从恒隆广场觅来的。不同色彩的琉璃所代表的寓意不同，而绿色代表平安、和平、生命和幸福，有益于与人建立良好关系，可加强勇气，具强大的净化功能，因此我选择了它。

琉璃•富贵平安

这件琉璃•苹果，是我多年前在恒隆广场五楼购得的。

作品高7厘米，胸径7厘米，底径4厘米。苹果上面还附着几朵盛开的牡丹花，牡丹表示富贵，苹果寓意平安。整件作品是暖色系中最温暖的色，它使人联想到金色的秋天，丰硕的果实，给人一种富足、快乐而幸福的感受，同时还代表了高贵、富有的深刻含义。

这件作品是由琉璃工房出品的。琉璃工房的创始人杨惠姗女士在她演艺事业鼎盛时期毅然离开影视圈，与导演张毅投入了琉璃艺术的创作，并与其成立了琉璃工房。她以琉璃艺术为志向，被誉为中国现代琉璃艺术的奠基人、开拓者，曾任清华大学美术学院玻璃艺术系顾问教授、日本石川县能登半岛玻璃美术馆示范教席、法国马赛CIRVA玻璃艺术中心示范教席、美国康宁玻璃博物馆客座授课。

“杨惠姗的作品，证明了她在数千年传统东方文化中，树立了根基的思想基础，她的作品，唤起了我们内心深处的共同的意义和经验。”法国现代琉璃艺术家安东尼•勒彼里耶这样说。

杨惠姗以多姿多彩的琉璃作品，赢得了人们的赞誉，她以艺术的综合表现和鲜活的现代性、丰富的生活才干、隽永的智慧，透过纷繁的事物结合在一起，捕捉着精彩、本质的状态。

琉璃•祥龙在握

《祥龙在握》，为琉璃工房所制。

作品长14.5厘米，宽15厘米，高8.5厘米，另配16厘米见方、高4.5厘米的水晶底座。整件作品呈淡淡的橘黄色，晶莹剔透，造型酷似如意状，一对龙仰首一字形摆开，站在圆球状底盘下面，加上四方形透明水晶底座，寓意天圆地方。作品气势磅礴，傲视天际，其造型别致，气宇轩昂，含义深刻，表达了“祥龙在握”——胸有成竹、胜券在握之意。作品还附诗一首：

掌中
是龙的指纹，
在风云汹涌，
我意独向四平八稳，
若问何以，
只道诚意外，并无天机玄秘。

龙是中国古代传说中的神异动物。在中华，龙文化、龙的传说蕴含着中国人所重视的天人合一的宇宙观，仁者爱人的价值观，阴阳交合的发展观，兼容并包的多元文化观。中国龙文化内涵丰富。龙是中华民族的象征，中国人都以自己是“龙的传人”而骄傲。作品构思巧妙，栩栩如生，工艺细腻，内涵深刻，余味无穷。

琉璃·福源上天高

琉璃工房1987年成立于台湾淡水，如今已成为华人世界最大的琉璃艺术品牌。杨惠姗、张毅为品牌创始人，艺术家杨惠姗为艺术总监。几十年间，现代中国琉璃艺术在琉璃工房的带动下，开创了前所未有的新格局。杨惠姗和张毅，从对“脱蜡铸造”的一无所知，黑暗中不断摸索、前进，研究失传已久的传统“脱蜡铸造”法，终获成功。

《福源上天高》，为琉璃工房所作。作品以手工琉璃脱蜡制作技法，赋予丰富的传统中国语言与人文思想。它长15厘米，宽9厘米，高9厘米，整件作品呈淡淡的苹果绿色，晶莹剔透，造型酷似如意状，围绕一个圆球状喷薄流水而出。圆球上附着两只蝙蝠，寓示幸福美满，铜钱状的水珠寓意财源滚滚，无穷无尽。其造型别致，含义深刻，表达了“福源上天高”的作品主题。它启发、教育人们，源贵有德——有德就是富贵和智慧的源泉。要尽善，行善尽——能行善，尽量多做。无私福——无私就是福源，良知就是慧根。有德的人就拥有了富贵和智慧的源泉。

作品构思巧妙，制作精致，线条流畅，工艺细腻，含义深刻，栩栩如生，余味无穷，观之让人意犹未尽。

琉璃·寄居蟹

寄居蟹，又名"白住房""干住屋"，主要以螺壳为寄体，生活在沙底、泥底水中，偶尔也在陆上或树中。两对触角和4对足。第1对足变形为螯，右螯较大，体缩入螺壳时用以挡住壳口，第2、3对足用以爬行。第4对在腹部末端，用以抓住螺轴。身体长大时，离开原来的螺壳寻找并迁入较大的新居。

这件琉璃，多年前购于金鹰国际购物中心。这是台湾著名艺术家王侠军的琉璃作品：长14厘米，宽11.5厘米，高10厘米。两只寄居蟹似乎在观察协商"新居"环境、空间或其他相关问题。作品整体呈紫蓝色。

王侠军，1987年赴美国底特律创意设计学院研习水晶玻璃以及瓷器创作。1988年，带着电影工作伙伴张毅、杨惠姗共同创立台湾玻璃艺术工作室"琉璃工房"，负责创作及技艺传授。1994年离开"琉璃工房"，同年成立"琉园"。作品表现了精雕细琢的东方细腻情感与现代写意美感。作者这样说过："把生命中甜美、喜悦留给玻璃，顺着水晶玻璃剔透的光影，述说世间令人激赏的故事，创造艺术、生活、品味的新时空。"

精美西洋人物台灯

家是心灵栖息场所，结束一天繁忙的工作，回到家里，每个人都希望在尘世的纷扰之中寻觅一方舒适的心灵港湾，在静谧的夜里找寻一份淡泊与安全感，点亮一盏优雅的台灯，让温柔的光线穿透寂静的夜色照射进心房，填满内心的空虚，抚平心头的寂寞。这款精美西洋人物台灯，便是夜晚的最佳搭档。它以一隅优雅显一室繁华，尽显西式风情。

灯罩直径 31 厘米，高 48 厘米，底座 10 厘米。整体造型方正清雅，流露着一股浓郁的西式情调，精致的铜艺灯座和精美的暖色调贝壳艺术灯罩，让台灯整体在素雅中彰显简约大气的古典之美。一个虔诚的西洋男童正默默地在祈祷，灯光透过灯罩，显现着缠绵和温馨，有着安抚人心的魔力；灯罩整体简约的外观带来点睛的设计感，让其在典雅中透着灵动。让点亮后的灯光，既不显得刺眼，也没有丝毫昏暗感，带着恰到好处的柔和，将周围的世界照亮。

台灯作为辅助照明工具，更适合出现在沙发角、床头旁、书桌上，默默渲染不争不抢，从卧室到客厅，无论哪个位置加入这款台灯，都能让它变成亮丽的一角，既不会喧宾夺主地带走整个室内的舒适视觉，还能起到锦上添花、画龙点睛的效果。真正的美，不是一枝独秀，而是与环境融为一体，带来更和谐的审美享受。

清末民初寿山石雕鸟食缸

在我国民间艺术花苑里，绽放着千姿百态的“花朵”，它们或是竹木牙雕，或是书画瓷玉。其中的鸟食缸，作为一种较为冷僻的小众之器，因蕴藏着独特的文化内涵，越来越受到收藏爱好者的青睐。

众所周知，养鸟玩虫是旧时富豪商贾、闲适人士的消遣娱乐活动之一。养鸟离不开鸟食缸。鸟食缸是一种专门喂养鸟食的盛器，其形状有钵式、瓜式、横向竹节式、水盂式等。其制作材质除了珐琅、紫砂、竹、木等外，一般以洗濯方便的瓷质为多，石雕质鸟食缸非常少见。

据史书记载，鸟食缸在南宋起，就颇受养鸟人的青睐。南宋龙泉窑不仅生产了大量品种繁多、样式丰富的日常用瓷品，还烧制出众多器形雅致、风格独特的文房、陈设等用瓷，鸟食缸即是其中一款。宋朝好几个皇帝都嗜好养鸟，宋徽宗自不必说，就是宋高宗，史书上也有“好养鸽，躬自飞放”的记载。他在宫中养了100多只鹦鹉，而喂食或盛水的鸟食缸是必不可少的。

本款为清末民初寿山石雕鸟食缸。整器长15厘米，宽5.5厘米，高9厘米。其中食缸（槽）长6.5厘米，高2.5厘米，口径3厘米；水盂高3.5厘米，宽3厘米，长4厘米。石刻栩栩如生，枝叶繁茂，有硕果累累的石榴，寓意多子多孙；有喜鹊登枝，寓意“喜鹊叫，喜事到”。总之，一派大吉大利、幸福美满的民俗喜庆场景，给人以赏心悦目的视觉享受。

迷你锡壶茶具

这三只迷你锡壶茶具，造型别致、做工精细，每个大小不到3厘米，是工艺饰品，而不是实用茶具，是我茶壶收藏中个子最小的壶，它是我在上海世博会上觅得的。不要小看它，它来自历史悠久的马来西亚皇家雪兰莪，该公司创立于1885年，位于吉隆坡，拥有顶级设计团队和多元化制作设施，规模庞大，堪称世界第一。产品行销世界20多个国家。

马来西亚的锡器工艺源自英国。18世纪，英国发明了一种含锡、铜和锑的新合金，被称作“大不列颠金属”。这种金属是制作锡器的新原料，合金中锡含量至少达到84%。由于锡的含量是锡器质量的决定因素，马来西亚生产制作的锡器含锡量更高达97%，其余的铜是为了增加锡器的延展性，锑则让合金更加坚韧。马来西亚制作的锡器，品质具有世界水准。锡制品质地精良，造型精致，并且价廉物美。马来西亚锡器十分强调独特设计和实用，以日常用具为多，包括传统的酒杯、高贵大方的茶具，以至精美的相框、桌面装饰品、戒指手环等。

锡器不仅适合私人收藏，还是馈赠的好东西，许多知名企业都将锡器当作独特的礼物。因此，人们到马来西亚旅游，都会选购著名的大马锡器留作纪念。

锡器只需简单的保养，便能保持原有的光泽：用清水或中性洗洁剂浸泡清洗，然后用质地柔软的布，顺着器皿上的雕花纹理擦干即可。这三只迷你锡壶茶具，成为我收藏中不可多得的珍品。

泉字牌·迷你产品

走进石门路一家专售“中华老字号”的小店铺，东西琳琅满目，除雪花膏、节约领等杂货外，还有张小泉刀剪零售产品。“张小泉”系列产品以“规格全、品种多、质量优”而闻名全国，“泉”字注册商标被认定为“上海市著名商标”。

我被门前的玻璃柜——“泉字牌”迷你产品吸引了，其价格不菲，但东西十分精致，我被深深迷住了，不顾老婆的反对，依然掏钱买下。

右面一件为紫铜材质“火锅”，高 9 厘米，直径 8.8 厘米，上海人称“暖锅”。过去，每逢过年，家家的餐桌上，这件宝贝都大受欢迎。

左面一件为黄铜材质“汤婆子”，直径 9.5 厘米，高 7 厘米，上海人称“汤壶子”。以前，生活条件贫乏，一到冬天，我们必须依靠它。以后虽然出现了热水袋，但保温时间远远不如它。我童年的冬天，它陪伴着我度过了无数个美好的漫长冬夜。

张小泉刀剪店，创建于1911年。四年后的1915年，上海同文馆翻译处出版《上海各业行名簿》一书，其中剪刀行业的栏目中共载有三家张小泉剪刀店。在另一份1920年有关资料中，又有四家张小泉剪刀店开在南市区的大码头大街，分别为“张小泉”“张小泉协记”“张小泉春记”和“张小泉连记”。

1956年，福建路351号的“张小泉协记”、南京东路450号的“张小泉鸿记”和南京东路490号的“陆大隆刀店”三家合并，组建成“上海张小泉刀剪商店”。1990年，商店更名为“上海张小泉刀剪总店”。

有着百年历史的上海张小泉刀剪，是一家经中华人民共和国商务部认证的“中华老字号”企业，上海市文明单位，其“泉字牌”是上海市著名商标。张小泉也因此成为中国刀剪的代名词。

司马光砸缸

司马光是北宋时期的史学家、文学家。他对世人最大的贡献，便是编著了《资治通鉴》这部书。里面详细地记载了帝王将相的所作所为，将人生百态深刻描绘出来，既告诫了很多道理，又让世人了解了真实的历史。

司马光，字君实，陕州夏县人。父亲司马池，任天章阁待制(宋代官名)。司马光深受其父影响，自幼便聪敏好学。据史书记载，司马光非常喜欢读《左传》，常常“手不释书，至不知饥渴寒暑”。七岁时，他便能够熟练地背诵《左传》，并且能把二百多年的历史梗概讲述得清清楚楚，可见他自幼便对历史怀有十分浓厚的兴趣。此外，还有一件事使小司马光闻名全国，这就是流传至今的“司马光砸缸”的故事。

在花园里，七岁的司马光跟着一群小孩嬉戏玩耍，其中有个小孩在大水缸上玩，不幸失足掉进缸里，别的孩子一见出了事，都吓跑了，聪明的司马光急中生智，从地上捧起一块大石头，使劲向水缸击去。水涌出来，小孩也得救了。

喜欢收藏的我，宅家无事，无意中发现一件几年前买来的迷你宜兴陶缸，高12厘米，口径12厘米，底径6厘米，颜色、模样很像过去农家常用的大水缸，尺寸比例正好相当，于是产生联想，翻出了家中的藏品：陶塑泥人、玲珑黄太湖石、随形瘿木底板等藏品，经过一番构思布局，组成了“司马光砸缸”小品，总算如愿而成。

“司马光砸缸”是妇孺皆知的经典故事，广为流传。它告诉我们：无论遇到什么事情都应该沉着冷静，不慌不乱，只有仔细分析问题产生的原因才能找到解决问题的办法，在面对突发的危险状况时合理应对。

泰国锡器•浮雕花瓶花插

泰国锡器因其独特的材质、典雅的造型、精湛的工艺而闻名世界。锡制品以大象为主图案，大象在泰国被视为神物，是吉祥友好的象征，所以大象图案锡器也被视为一种吉祥如意的祝福，屡屡被泰国皇族作为国礼赠送外宾。

这两件浮雕锡器花插以精湛的浮雕工艺，雕刻了以大象为主题的泰国风情，左边一个高 12.5 厘米，口径 2.8 厘米，底径 5.2 厘米，呈倒三角形；右边一个高 12 厘米，口径 3 厘米，胸径 7.5 厘米，底径 5.2 厘米，呈葫芦形。

锡器是一种古老的手工艺品，最早可追溯到公元前 2700 年，世界各地都有着与锡器有关的记载：在埃及第十八王朝（公元前1580年至前1350年）金字塔中发现的锡手镯和锡制“朝圣瓶”，是世界上已知的最古老的锡制品；德国的皇室喜爱用锡制器皿来盛放啤酒；罗马帝国是最早将锡制器皿大规模用于家用器皿的文明；而在中国古代，人们早已懂得在井底放上锡板来净化水质，皇宫里也常用锡制器皿来盛装御酒。

锡是泰国最重要的矿产，储量150万吨，居世界之首。锡是仅次于白金、黄金和银的第四位贵金属。锡器皿及锡工艺品历史悠久，因所表现出的高贵典雅柔润的质感和璀璨的光彩，历来为中西方上层社会所珍爱，也是社会地位和财富的象征。

锡器之所以受到人们的喜爱，正因为它的优秀特性。首先，锡金属是一种绿色金属，对人体无害，并有很好的杀菌、净化、保湿、保鲜效果，生活中常用于食品保鲜纸、罐头内层的防腐膜及补牙的材料等；锡制生活器皿还有许多独到之处，锡制茶叶筒因锡的密封性，可长期保持茶叶的色泽和芳香；锡制啤酒杯因锡的传导迅速而使冰镇啤酒口感倍增；用锡花瓶插花，花不易枯萎……因而锡器享有“盛水水清甜，盛酒酒香醇，储茶味不变，插花花长久”的美誉。其次，锡金属特有的金属质感，色泽优美；锡的化学性质很稳定，在常温下不氧化，经过不同的表面处理工艺后，灿烂耀目，历久常新；用锡制作的器皿和工艺品用于装饰，张而不扬、含而不露，可媲美闪闪生辉的银制品；其三，锡金属有良好的延展性和成形性能，用锡制作的各种器皿和艺术饰品能够逼真地体现每一个细微的创意，从而使得锡制工艺品栩栩如生、高雅动人，这些特性使得其他任何金属工艺品望尘莫及。

这两件锡器，是我到泰国旅游时觅来的。每当见到它们，就让我回想起那次令人难忘的泰国之旅。

青云铜艺·傣族姑娘

云南富民青云工艺是一家制作生产具有民族特色的斑铜工艺的厂家。多年来他们创作了无数复杂而鲜明的工艺品，受到大众的欢迎。

《傣族姑娘》高 19 厘米，长 12.5 厘米，宽 4.5 厘米。作品表现了一位亭亭玉立、婀娜多姿的少女，一头挑着竹筒，另一头挑着瓷坛子，她步伐轻盈，穿着富有民族特色的服饰。作品构思巧妙，布局合理，动静相融，线条美丽，飘逸自如，给人一种美的享受。

铜器表面以樱桃色或橘黄色、咖啡色为底色，在底色中闪耀着金黄色的呈不规则金属结晶的斑纹，色彩金黄交错、色中有色、华贵高雅、富于变化，因而得名“斑铜”。云南斑铜被列为云南非物质文化遗产保护名录。

自 1997 年建厂以来，青云工艺以独具民族风情的工艺品为载体，挖掘民族历史文化精髓，传播和弘扬优秀的民族文化，塑造地域人文经典，把精美的铜工艺品和独特风格的铜文化推向更加广阔的天地。

铜雕·傣族少女

富民青云工艺厂位于云南昆明市，是以制作斑铜、仿古铜为特色的厂家。作品题材丰富，风格鲜明，做工精细，造型美观，尤以表现边疆少数民族风情和地域人文景观的产品为特色。

这三件作品，约高31厘米、长19厘米，厚6厘米，分别表现了傣族少女汲水归来、送水的生动场景。青云工艺的作品从边疆少数民族的现实生活中取材，造型生动，刻画细腻，形象逼真，艺术地再现了云南各民族多姿多彩的生活场景，极具民族风情和地域特色，给人以质朴纯美的艺术感受。在人物造型上，善于抓住最富有特征的动作、表情和服饰特征，刻画出形神兼备的艺术形象，成为富有地域代表性的旅游工艺品。

铜雕·蛤蟆

几年前，随收藏协会组织的旅游团，来到苏州一家古玩市场，让我一眼看上的是这对精致浇制、栩栩如生的蛤蟆小摆件。

铜蛤蟆，长 6 厘米，4.5 厘米，高 2.5 厘米。它们双目对视，可能是相约而至，也许是为觅食不期而遇。

蛤蟆，也叫蟾蜍，两栖动物，体表有许多疙瘩，内有毒腺，俗称癞蛤蟆、癞刺、癞疙宝。在我国分为中华大蟾蜍和黑眶蟾蜍两种，前肢粗短；指细短，外掌突大而圆，深棕色，内掌小色浅。雄性皮肤粗糙，头部、上眼睑及背面密布不等大的疣粒，雌性疣粒较少，耳后腺大而扁；四肢及腹部较平滑。

说起蟾蜍文化，很多人只知道它是会吐金钱的招财之宝，人们喜欢将口含金钱的三足蟾放置在住宅、商铺或办公室，称其为“招财蟾”。蟾蜍对于中国古人来说是神圣的，寓意吉祥；蟾蜍属于蛙类，能一产多子。从考古发掘出来的上古器皿中，我们能够见到很多蛙纹饰，这就是中国古人的生殖信仰。蟾蜍有冬眠习性。而古人看到满身癞斑的蟾蜍，能生而后死，死而后生，倾慕不已，崇拜之心油然而生。蟾蜍原本号不雅、貌不扬，但它生命力强，有能承载相当于身体十倍二十倍重压的“神力”，并且它还有灵性。古人将蟾蜍的“神力”与天上盈转缺又转盈的月亮联系起来。汉代月亮画像中伏着一只蟾蜍，他们认为月亮中的蟾蜍和人世间的治乱关系密切；古人认为月宫中有嫦娥、桂树、吴刚、玉兔、蟾蜍。汉人张衡《灵宪》云:“羿请不死药于西王母，嫦娥窃之以奔月……嫦娥遂托身于月，是为蟾蜍。”因此蟾蜍与嫦娥与不死灵丹挂上了钩。《抱朴子·内篇》介绍不死灵药有五种,称“五芝”。其中“肉芝”就是“万岁蟾蜍”。据说万岁蟾蜍的神奇，来自头上的角，即“肉芝”，法力在灵芝以上，是长生不老的仙药。

神仙列传中有一位刘海，他是八仙吕洞宾的入门弟子。他云游四海时，收服了一只会变钱的三只脚的蟾蜍。由于刘道长最喜布施，这只会变钱的三只脚金蟾，刚好帮他变出钱来布施贫民。因此民间将蟾蜍视为招财进宝的风水法器。

蟾蜍文化相当丰富，这对蛤蟆铜摆件不仅造型逼真可爱，而且寓意深刻，喜欢小动物的我当然不会随意放弃，所以爽快地收下了这对宝贝。

仿真小鸟树叶摆件

这件仿真小鸟树叶摆件造型逼真，构思巧妙，形态生动，酷似一对小麻雀在窃窃私语，它们站在一片枯黄的大树叶上，已经谈了很久了，你看，右边一只微闭双眼，已经打起盹来，可能是在谈情说爱，也可能是商量如何操办鸟生大事……

这款摆件是福建泉州生产的，它采用树脂材料制成，采用了新工艺、新原料。不仅仿真效果好，而且东西结实，非常适合盆景、造景艺术爱好者使用。

我作为一名具有多年收藏经验的爱好者，知道过去这方面的东西是相当匮乏的，除了石湾、宜兴的土制品外，大多形态既粗糙又失真。随着社会的不断发展、人们生活水平的提高，人们对于家居空间品位及艺术的追求，推动了艺术品行业的快速发展。这款情侣家居艺术品创意摆件，应该会非常受年轻情侣们的欢迎吧。男孩在女孩生日当天，把它作为礼物送给女孩，不仅装饰了房间，还显得浪漫有趣。

铜雕·牧童戏牛

中国自古以来都是农业文明，牛是人们耕地、负重的帮手，亲近人类和土地，而且性情沉默温和，颇有“厚德载物”的象征意义。老子骑的是青牛。“青”,主春，木德，代表了东方。老子自周入秦，向西而行，来自东方，后世人称“东方圣人”，用青色正可取其象征东方之意。所以“青牛”，既代表东方，又代表生机、大地自然之道。

《铜雕·牧童戏牛》，长16.5厘米，宽9厘米，高11.5厘米。作品表现了一头水牛安然地卧在绿草丛生、充满生机的田野上，两个牧童相助欲跨上牛背，一幅浓浓的牧童戏牛画面映入眼帘。

这是一件仿古作品。我国古代文人雅士，特别是诗人，创作了许多牧童放牧的作品。他们的作品大都描写牧童之“乐”与生活之“安”，淡化了牧童放牧的孤独和隐忧，在牧童身上寄予了深切的个人情感体验。牧童作为一个比较特殊的人物形象,在秦汉魏晋少见,勃兴于唐代,繁盛于宋代,至明清渐衰。遍览《全宋诗》《全宋诗辑补》，涉牧童题材的相关作品多达240首，其中直接以牧童为题目的诗歌就有六十多首，可见牧童形象承载了诗人的价值追求、志趣怀抱与生活理想。

《铜雕·牧童戏牛》，是我多年前从真北路花卉市场中的一家古玩铺觅来的。作品构思巧妙，布局合理，人物和动物表达清晰，神态生动，栩栩如生，充满了热爱劳动、热爱生活的情趣，不愧是一件难得的好摆件。

铜雕• 母子情

2012年春，居委会组织社区居民赴浙江嘉兴旅游，我欣然同去游玩，有幸在嘉兴月河街古玩市场上，收获了这件《铜雕•母子情》艺术品。

该作品长19厘米，宽13.8厘米，高11厘米。实际应称铜摆件，是以拨腊法铸制。但因其造型错落有致，亦可作为文房搁笔之用。作品表现了一对雏鸭与母鸭悠然遨游，其中一只昂然站在母鸭背上，另一只含着茅草紧偎在母鸭身边，母鸭侧着脸，温情脉脉地眷顾着雏鸭。一幅生动的《母子情》画面映入眼帘，真是飘逸流畅，相映成趣，饶富吉兆，动感十足。

我国的铜雕历史源远流长，起于商周，是以铜料为坯，运用雕刻、铸塑等手法制作的一种雕塑。铜雕的制作一般都要经过金属冶炼、锻造、雕刻、镀金、磨光等几个重要的工序。工序比较复杂，工艺也十分考究。铜雕文化的发展历程见证了中华民族文化的发展，充分展示了中华民族文化的博大精深。

《铜雕•母子情》，形象生动，寓意深刻，工艺精湛，不愧为一件难得的好摆件。浙江嘉兴之旅让我久久难以忘怀。

铜螃蟹

这对铜蟹是我多年前在苏州一家古玩市场觅得的，它形态逼真，做工精细，让人叹为观止。

铜蟹长 6 厘米，3 厘米，宽 5.5 厘米，它们双螯高举，呈爬行状。我将它们相对而放，两只蟹对视，似乎在打招呼，取其谐音“谢谢”。

螃蟹是甲壳类动物，身体被硬壳保护着，靠鳃呼吸。在生物分类学上，它与虾、龙虾、寄居蟹是同类动物。

捕螃蟹的人都知道，篓子中放了一群螃蟹，不必盖上盖子，螃蟹就是爬不出去。因为只要有一只想往上爬，其他螃蟹便会纷纷攀附在它身上，结果就是把它拉下来，最后没有一只能够爬出去。所谓“螃蟹文化”，也叫“螃蟹效应”，是指当螃蟹放到不高的水池里时，单个螃蟹可能凭着自己的本事爬出来，但是如果有好多螃蟹，它们就会叠罗汉，总有一个在上边，一个在下边，这时底下的那个就不干了，拼命爬出来，并且开始拉上面螃蟹的腿，结果谁也爬不高。这就是螃蟹文化。

西洋铜雕•祈盼

2002 年底，我在北京东路上海友谊商店觅来了这件铜雕。因时间过长，我既不清楚作品的作者，又不知作品的名称。

作品高 18 厘米，长 16.5 厘米，宽 8.5 厘米。一位少妇微微抬头，紧闭双目，呈蹲踞状，双手捧一个半弧形器皿。为此，我查阅资料，多方向行家打听，最后得出如下结论：首先，作者无法查实，其次，从人物造型、年纪分析，确定是一位西方少妇，因此可以确定为西洋铜雕；再次，从双手所托之物分析，起初，推断为烛台，因为西方盛行点蜡烛。结果华宝楼钱经理认为，托器与人体比例明显不符，若是烛台则过大，再者底部呈弧形，不易放烛，认为应是接水盛具。最后，考证“水”确实对人类意义重大。西方很多作品围绕水做文章。突然想起 2019 年初，我在《新民晚报》上发表的《铜雕•提水小男孩》也是在友谊商店买的，内容也与水有关。

在文明的早期，人类就认识到了水的重要性。古代西方提出的四元素中就有水；佛教认为组成人体的四大元素也有水；我国古代五行说中，水代表了所有的液体，以及具有流动、润湿、阴柔性质的事物。其实，水在西方宗教中有着特殊的意义，基督教中的洗礼形式表达了双重诞生的神秘性。约瑟夫•坎贝尔也说，洗礼象征着人的“第二次诞生”，这是基督教的基础。

在人类的童年时期，人们对于水兼有养育与毁灭能力、不可捉摸的性情，产生了又爱又怕的感情，由此就有了水崇拜。通过赋予水以神的灵性，祈祷水给人类带来安宁、丰收和幸福。中国传统的龙王就是对水的神格化。凡有水域水源处皆有龙王庙，它遍及各地，是中国传统的信仰习俗。

总之，没有水，地球就不会有生命。它是生命的源泉，是人类赖以生存和发展的不可缺少的物质资源之一。人的生命一刻也离不开水，在地球上，哪里有水，哪里就有生命。因此，我特意为这件西洋铜雕取名“祈盼”。

铜雕•蜻蜓和藕

苏州是一个历史悠久的古城，它不仅山水相连、河湖流畅、风景秀丽，而且人文物产非常丰富，苏绣、红木和铜雕也早为收藏界人士所熟知。

这件小铜雕《蜻蜓和藕》也是一例苏作工艺品。它长 9 厘米，宽 2.2 厘米，高 3.2 厘米。蜻蜓本身是一种益虫，它的寓意也十分吉祥，象征福来到。

蜻蜓的“蜻”与“情”读音相近，有情投意合的意思。与“清”字也相近，寓意着清正廉洁。官员们佩戴一枚翡翠蜻蜓，寓意着为官清廉、为民除害、青云直上。不过，小蜻蜓亭亭玉立在枝头之上的样子最让文人雅士心动，创作出了“泉眼无声惜细流，树阴照水爱晴柔。小荷才露尖尖角，早有蜻蜓立上头”这样的千古名句。小蜻蜓的样子与女子柔美轻盈的形象相契合，所以翡翠蜻蜓还寓意着女性之美；小蜻蜓常常出现在大雨以后，大雨之后才能出现美丽的彩虹，所以，蜻蜓还寓意着坚持与成功。

《铜雕•蜻蜓和藕》雕工精致，形象逼真，是一件寓意深刻而又精美的工艺摆件。

铜雕·乌龟

这对《铜雕·乌龟》，是从苏州古玩市场觅来的。它体量虽小，但是做工相当精致、逼真。

《小铜雕·乌龟》，长5.2厘米，宽3.2厘米，高1厘米。它抬着头，伸出尾巴，四肢做爬行状，形象非常生动。

乌龟，别称金龟、草龟、泥龟和山龟等，为常见的现存古老的爬行动物。身上长有非常坚固的甲壳，受袭击时龟可以把头、尾及四肢缩回龟壳内（除海龟和鳄龟）。《山海经》记载有“旋龟”，《神农本草经》《名医别录》《药性论》《临证指南医案》等书对乌龟的药用做了详细的记述，《本草纲目》称“龟、鹿皆灵而有寿。龟首常藏向腹，能通任脉，故取其甲以补心、补肾、补血，皆以养阴也”。清光绪年间，金石学家王懿荣偶然在中药材的“龙骨”片（龟甲）上发现有古文字，即后来的甲骨文。

龟属于吉祥四灵“龙、凤、龟、麟”之一，而且又是仁寿的象征。《礼记》把龟、龙、凤、麟称为“四龙”神物，是辟邪挡煞、消灾避害、镇宅纳财之宝。

夜光杯·节节高

在上海展览中心举办的“一带一路”会展上，我收下了这套“鸳鸯玉竹节杯”。鸳鸯玉学名“蛇纹岩”，含多种化学成分，其色为翠绿、墨绿、古褐等色，缤纷斑斓，美不胜收，是制作夜光杯的主要原料。

这套“节节高”夜光杯，直径4.8厘米，高4厘米。整体光滑透亮，纹

理自然，色泽纯正，呈墨绿色，无裂纹及黏接痕迹。它是由甘肃天水莹豪鸳鸯玉开发有限公司生产的。夜光杯产品壁薄如纸，明亮如镜，工艺精湛，风格独特，造型生动，色泽天然，晶莹剔透，纹理奇特美观，极富古韵，耐高温。

产品多次被选为国礼馈赠外国贵宾，在海内外享有很高声誉。

据史书记载，西周周穆王时，夜光杯是白玉之精，光明夜照。这就说明，早在2000多年前，甘肃就出产夜光杯，而且是稀世之宝。据西汉东方朔《海内十洲记》载：周穆王姬满应西王母之邀赴瑶池盛会，席间，西王母馈赠姬满一只碧光粼粼的酒杯，名曰“夜光常满杯”。姬满如获至宝，爱不释手，从此夜光杯名扬千古。夜光杯造型别致，风格独特，质地光洁，色泽斑斓，宛如翡翠，倒入美酒，酒色晶莹澄碧。尤其皓月映射，清澈的玉液透过薄如蛋壳的杯壁熠熠发光。到了唐代，夜光杯更是闻名遐迩，唐人王翰诗云，“葡萄美酒夜光杯”，诗以杯名世，杯因诗增辉。夜光杯采用祁连山的老山玉、武山鸳鸯玉等优质名玉雕琢而成，造型多样，小巧玲珑，晶莹剔透，令人爱不释手。2006年8月，夜光杯被列入国家非物质文化遗产保护名录。

敦煌艺术品、酒泉夜光杯，浓缩了两千年的丝绸之路文明史，承载着古老的中华文化，是重要的民间艺术瑰宝。

文广礼品·航舵

舵，为航行设备上用于改变或保持航行方向的一种装置。最早用于船舶。中国古代的航舵和阿拉伯的比较类似，不过是通过滑轮驱动的。

这件航舵摆件，是上海文广新闻传媒集团多年前馈赠的纪念品。长 9.3 厘米，宽 7.5 厘米，高 9.5 厘米。它是不锈钢材质，由舵盘、舵身及底座三部分组成，特别是舵盘，是个圆形带把的盘，共有 8 个把，便于方向操作，同时它还预示八个方向，航舵的八个方位。

船舵是用来操纵和控制船舶航向的，一般位于船尾，又称船尾舵，它是中国造船技术方面的一项重大发明。船舵附设于船体外，利用船舶航行时作用于舵叶上的流体动力而控制船舶航向，通常由舵叶和舵杆组成。舵由桨演变而来，桨在做推进工具时，兼顾控制航向。

在广州出土的东汉陶船，距今已近两千年，在其尾部正中位置上已经有了舵，这个舵比操纵桨桨叶的面积宽展很多，还残留着以桨代舵的痕迹。但从世界范围来说，它是最早的舵。到了 12 世纪末，相当于我国南宋时期，在西方教堂的雕刻上才出现了欧洲最早的舵。

航舵，具有古老悠久的历史文化，自古就有镇宅吉祥顺风顺水的寓意，象征着一帆风顺、乘风破浪、财富满仓，也象征着掌舵自己的未来人生方向，是一款送人送己的好礼物。

意大利ALESSI壶

ALESSI（艾烈希）创建于1921年，是一家意大利的家居用品制造商品牌，产品包括餐具、厨具、办公用品、卫浴用品、起居室用品等。它的产品设计极具个性化，不仅具有超强的实用性，更能体现工业设计领域最先进的理念和最奇妙的构思。在设计师眼中，ALESSI是一家“梦想工厂”，它用最先进的工业设备与技术，配合传承至今的手工技艺，将设计师们的创意转化成创新、多彩、个性化的家居用品。

这件经典珍藏版迷你壶，是2009年我在上海展览中心举办的奢侈品展会上买下的。当时展览商说，它是样品，不卖的，但我被它精致的造型和精美的材质深深吸引了，再三恳求展销员，他最后无奈以高价让给了我。它是优质的不锈钢材质，外表形态比例大小和材质都与真品相同。口径3.3厘米，胸径4.5厘米，底径3.2厘米，高5.2厘米。盖纽、壶把均为塑胶的，壶盖和壶身由精致的不锈钢铰链相连接，真是“窥一斑而知全豹”了。ALESSI的设计生动有趣，充满丰富的感染力，同时也兼具科学考究的实用性和功能性，这都源自“一切器物的形成，即使外形渺小，亦是创意与科技的伟大结晶”这一品牌理念。

这把经典ALESSI迷你壶，丰富了我对壶的认识和收藏。它不仅让我了解了意大利生产的餐具的优良品质，更让我知道了意大利人对生活、时尚、美学的新追求。

银镶瓷片饰盒

陶瓷镶银工艺，自古就有。银，除了杀菌消毒、净化水质、提升口感、有着美丽洁白的外表之外，也具有很好的延展性，其导电、导热性都很高，所以用其他材质把银包裹起来的包银工艺，起到隔热防烫的效果，而且两种材质的碰撞，观赏性强，为银器增添风采。包银工艺材质往往有陶、瓷、木、釉等，因银料的纯度高，成品率低，故工艺出品时间长。哪怕经验丰富的工匠大师也避免不了银片高温起泡的情况，这就意味着之前的准备工作付诸东流。手作包银还需要对银品厚薄、包裹材质的尺寸把握适度，做到两者契合，相融一体。此考验的是银匠大师们的技艺水平以及耐心、细心和精益求精，最终能出品的银器必定是百里挑一的臻品。

该盒，长 13 厘米，宽 10.5 厘米，高 4.5 厘米。整器由银制材质精制而成，盒盖取材老青花瓷片，器形高贵典雅、古朴大方，极具魅力。

此件银镶瓷片饰盒，是我在友谊商店搬迁至曹家渡不久，从五楼古玩柜台买到的。营业员再三主动向我说明，这件古瓷片相当完美，极少见到。

不负春华　攀摘秋实

——从龟甲龙的成长，忆原野收藏花絮

◎ 王炳奎

这棵龟甲龙植物，是生长在南非的珍稀品种，它呈浅褐色，小时呈圆形，长大成块状，宛如龟甲，它名便由此而来。其形令人喜爱，但价格昂贵，少有人买，市场很少见。2011年我退休不久，为丰富业余生活，约了学友张静庵赶到闵行世博花卉市场，160元买下没长叶子，仅7厘米的球茎。

那次我的初衷是去国际根雕城，顺便去对面花市看奇石，结果根、石都没相中，却将它带回。其实我不懂种花，这棵植物就交给母亲了。在母亲的细心呵护下，第二年球茎便冒出了漂亮的枝叶。之后它伴随着我的藏品，不断发展、成长。

一晃十年过去了，为了觅到自己喜欢的藏品，我的足迹几乎遍布了整个上海，从远在松江泗泾的万春园，到吴淞花卉市场、闵行九星市场、浦东恒大市场……收藏了无数的奇石、根雕、瓷陶和杂项等，它们自然成为我文章必不可少的素材。

“斗转星移，世事更迭”。退休十年有余，闲暇之际赏析藏品，无论是盛夏酷暑，还是严冬腊月，记不清

有多少个夜晚，孤灯一盏，博而览之，怀古思今，引经据典，旁征博引，濡染之余，偶有所得，欣然命笔，撰写短文，刊之于杂志、报端，素笺一叠，林林总总三千多篇，其中已在《新民晚报》《劳动报》《上海收藏家》和《上海工艺美术》等市级以上报纸和杂志上发表了四百多篇文章，并被更多的新闻媒体转载。先后出版了《原野收藏拾趣》（2015 年香港经典书局）、《原野收藏拾经》（2018 年文汇出版社）、《原野收藏拾粹》（2020 年上海三联书店）和《原野收藏拾珍》（2021 年文汇出版社）四本书。

这次疫情严重，时间冗长，趁宅家期间，我“翻箱底”又找出不少宝贝，睹物思情，让我思绪万千，于是又写起文章来。当前万众一心共克时艰，面对纷繁复杂的世界，作为一名党员更有责任担当的精神。这十年来首先要感谢我的父母，他们不仅对我的生活关怀备至，而且对儿子的爱好相当理解：有的藏品放到他们房间里，他们从不埋怨，并且平时还帮助擦拭保养；当外面阳光照射进来，他们立刻会拉上窗帘以防暴晒；我从市场买来的奇石，父亲还会帮我洗刷干净……总之，父母非常理解儿子的心愿，对我的藏品充满爱心。为了表达对他们多年来关心厚爱的感激之情，我便赶写了这本书——《原野收藏拾贝》。

“日月经天，叹时间飞逝；江河行地，思难忘岁月。”诚然，一本书的完成，仅靠个人的力量是远远不够的，需要更多人的帮助和奉献。本书承蒙文汇出版社首席编辑朱耀华老师、编辑徐曙蕾老师和知名人物画家吴耀明老师的辛勤付出，使之顺利出版。尤其还要感谢的是：上海市收藏协会创始会长吴少华先生，《新民晚报》祝鸣华老师，《劳动报》原副总编吕冬发老师、资深编辑梁志伟老师、宋长星老师，《上海收藏家》副主

编顾惠康老师等，在本书的创作过程中，他们提出许多宝贵的意见，并付出很多心血，在此一并表示衷心的感谢！

寄养在上海母亲河蝴蝶湾畔的恒丰大楼里，我这棵龟甲龙植物，从球径仅7厘米到现在已长到18厘米，其间花盆已经换了四次，它伴随我的收藏已经十多年了。去年三月我的母亲不幸离去，使我悲痛万分，然而不幸的是今年四月，我的父亲也离我而去。不久前，我将这棵龟甲龙抱回自己的家中，见到它，真是让我伤感万分，心疼不已，显然因我照料不周，它受委屈了，形象也不如以前了，叶子已经有些泛黄，它的个头似乎撑满了花盆，我想待疫情形势稍好时，赶紧去花卉市场给它加些养料。而且同我出第五本书一样，它要换第五个盆了。

图书在版编目（CIP）数据
原野收藏拾贝/王炳奎著. —上海：文汇出版社，
2022.9
ISBN 978-7-5496-3828-4
Ⅰ. ①原… Ⅱ. ①王… Ⅲ. ①收藏–中国–文集
Ⅳ. ①G262-53
中国版本图书馆CIP数据核字(2022)第123223号

原野收藏拾贝

著　　者 / 王炳奎
责任编辑 / 徐曙蕾
装帧设计 / 吴耀明

出版发行 / **文匯**出版社
上海市威海路755号
（邮编 200041）
经销/全国新华书店
印刷装订 / 上海昌鑫龙印务有限公司
版次 / 2022年9月第1版
印次 / 2022年9月第1次印刷
开本 / 700mm × 1000mm　1/16
字数 / 190千
印张 / 11.5

ISBN 978-7-5496-3828-4
定价 98.00元